すぐに▼役立つ

民法改正対応！◆図解とQ&Aでわかる◆

賃貸経営のための不動産賃貸・管理の法律とトラブル実践的解決法150

弁護士 梅原 ゆかり 監修

三修社

はじめに

借地契約、借家契約では、貸主は土地や建物を提供して借主に使用させ借主が貸主に賃料を支払う義務を負うことになります。借地・借家契約は長期にわたる契約であるため、貸主・借主の義務違反によって、何かとトラブルが発生するものです。たとえば、目的物の使用方法をめぐるトラブルや地代・家賃の滞納などです。賃料の支払いが何か月も遅れた場合には、貸主は契約を解除することも考えなければなりません。こうした問題については、民法、借地借家法という法律が基本的なルールを定めています。契約の締結やトラブルの処理にあたっては、法律上のルールを理解した上で、契約書に記載する事項や、トラブル解決のための手順について冷静に検討するようにしましょう。

また、土地や建物の賃貸借契約には様々なお金がかかわってきます。入居時には、敷金・礼金・権利金・保証金などの金銭の差入れが行われるのが通常です。増築や譲渡が行われたときには承諾料、契約更新の際には更新料、退去の際には立退料などの問題が生じる場合もあります。これらのお金は重要な意味をもつため、支払いの必要性や金額の多寡をめぐってしばしばトラブルが生じます。

本書では最新の法律や判例をふまえた上で、オーナー（賃貸人）の立場から、賃貸借契約を結ぶ上で必要な法律知識や、家賃の増額、原状回復、立退きといったトラブルの解決法を幅広く取り上げています。2017年６月に公布された民法改正に対応しており、修繕費用や敷金、原状回復など、改正された事項を重点的にとりあげています。民泊や空き家対策といった不動産オーナーにとって関心の高い比較的新しい問題点についてもとりあげているのも特徴のひとつです。

本書をご活用していただき、監修者としてこれに勝る喜びはありません。

監修者　弁護士　梅原　ゆかり

Contents

はじめに

序 章　民法改正と賃貸借への影響

1 賃貸借を規定する法律にはどんなものがあるのでしょうか。 14
2 120年ぶりに民法が改正されましたが、賃貸借についてはどのような改正が行われたのでしょうか。 16

第1章　借家契約を結ぶときのトラブル

1 家を貸すときの契約書を作成する際の注意点を教えてください。 20
2 不動産の間取りや畳数の表示については基準があるのでしょうか。不当表示だったことが後でわかった場合、借主から責任追及を受けますか。 22
3 契約で特約を定めるときにどんな点に注意すればよいのでしょうか。 24
4 賃料自動改定特約を置くことはできるのでしょうか。 25
5 手付金とはどんなものなのでしょうか。 26
6 預り金・申込金をめぐるトラブルにはどんなものがあるのでしょうか。 27
7 入居審査をする際に必要な書類はどのようなものでしょうか。断った場合に理由を伝える必要はあるのでしょうか。 28
8 入居希望者に申込書を記入してもらい賃貸借契約を結びました。しかし申込書の勤務先をすでに退職し、現在は無職だそうです。虚偽記載を理由に契約を解除できますか。 30
9 持家を賃貸したいのですが借主が信用できず家賃の支払面で心配があります。連帯保証人を立ててもらい契約を結びたいのですが、注意点はありますか。 31
10 入居予定者から「連帯保証人と会うのは少し後になるが先に入居したい」という申入れを受けたのですが不安です。入居を拒否できますか。 32
11 借主が事業目的で賃貸借契約を結ぶ場合、保証人になる個人に財産状況を説明しなければ、保証契約自体に何らかの影響があるでしょうか。 33
12 賃借人の家賃の滞納状況について、賃借人の委託を受けた保証人から説明を求められた場合に賃貸人は応じる必要があるのでしょうか。 34
13 滞納家賃を分割払いにする約束を賃借人が守らなかった場合、賃貸人は、個人である保証人に対してその旨の情報提供義務を負うのでしょうか。 35
14 連帯保証人がいない場合に契約する家賃保証会社とはどのようなものなのでしょうか。デメリットはないのでしょうか。 36

15 貸主と保証会社との間で結ぶ保証契約において、債務の極度額を定めなければならないのでしょうか。 38
16 賃貸借契約における個人保証人が破産した場合に、その後も借主の債務を保証してもらうことになるのでしょうか。 40
17 賃貸借契約で定めた期間中に賃借人が死亡した場合、その相続人等が負担する債務についても、個人である保証人に保証してもらうことができますか。 41
18 賃貸マンション等の事業のため借入が必要になり、個人保証してもらう場合には、どのような手続きが必要になるのでしょうか。 42
19 外国人入居者を入れる際の注意点を教えてください。 43
20 急死した夫が開業した診療所を、高校生の息子が医師になるまで友人の医師に貸そうと思っています。このような一時的な賃貸借契約を結ぶことは可能でしょうか。 44
21 部屋を貸すときに2年という契約期間を設定したのですが、本当に2年後には借主に退去してもらうことが可能なのでしょうか。 45
22 定期借家契約とはどんな契約なのでしょうか。 46
23 終身建物賃貸借契約とはどのような制度なのでしょうか。 48
24 重要事項説明書にはどんなことが記載されていなければならないのでしょうか。 49
25 物音がせず不審に思い部屋に入ったところ、高齢者の借主が寝たきりで亡くなっていました。今後、説明義務を負うのでしょうか。 51
26 以前、入居者が自殺しました。仮に別の部屋や数年前の自殺、部屋以外の場所での自殺だったとしても、説明義務を負うのでしょうか。 52
27 前入居者の使用状況や前科の有無などの個人情報の説明はどこまで必要でしょうか。説明しなかったことで責任を負うことはあるのでしょうか。 54
28 アスベストや浸水被害や違反建築物であることについて貸主は説明義務を負うのでしょうか。 55
29 入居前に借主に対する鍵交換負担特約は有効でしょうか。特に鍵を変えずに入居した場合に、その後、盗難被害にあった場合には責任はあるのでしょうか。 57
30 敷金・礼金ゼロの初期費用が安い物件で、借主が家賃を滞納した場合に、鍵を交換し、借主を締め出すなどの措置をとることはできますか。 59
31 入居者をフリーレントで募集する場合、どんなことに注意すればよいでしょうか。 60
32 定額補修分担金の負担についての特約は有効でしょうか。特約が無効とされる場合はあるのでしょうか。 61

33 貸した部屋について借主がどんな用法で使用することも許されるのでしょうか。 62
34 賃貸アパートやマンションの周辺環境をめぐって、どのようなトラブルが発生するおそれがありますか。 63
35 台風で割れた窓ガラスを借主が取り換えた場合、費用を貸主が負担しなければならないのでしょうか。 65
36 借主が壁紙を新しいものに取り換えたのですが、費用を請求されることがあるのでしょうか。 67
37 観測史上最強の台風が襲い、賃貸マンションのブロック塀が落下して通行人がケガをしました。部屋の借主に責任を負わせることができるのでしょうか。 68
38 マンションの一室が暴力団や半グレの事務所に使われているようなのですが、どうすればよいのでしょうか。 69
39 ペット禁止のマンション内で借主の１人が最近犬を飼い始めました。体毛や糞尿等のトラブルが発生しています。どのような対応方法が考えられるでしょうか。 70
40 家主である自分の配偶者が「ペットとの同居が可能です」と言って借主を入居させたところ、後に家主として「ペットは不可です」と主張することは可能なのでしょうか。 71
41 賃貸借契約書に記載がないペットの飼育等について、借主が許可を求めるしくみや飼育方法について指示することは可能でしょうか。 72
42 借主がペット禁止の契約に違反して長年にわたり犬を飼い、糞尿で貸家が汚されていました。損害賠償はいつまでにしなければなりませんか。 73
43 貸家の一部が壊れ修繕が必要になった場合に、賃貸人は常に修繕義務を負わなければならないのでしょうか。 74
44 和室の畳やふすま、障子の取り替えも修繕義務に含まれるのでしょうか。 75
45 「蛍光灯などの照明やエアコンの修理は借主の費用で行う」という特約は有効でしょうか。 76
46 借主の部屋の使い方がひどくて備品が破損したと思われるような場合でも修繕費用は家主負担になるのでしょうか。 78
47 建物の修理期間、借主にホテルなどに一時的に住んでもらう場合、費用負担はどうなるのでしょうか。 79
48 「使用状況が変わる場合には承諾料を支払ってもらう」として、借主に承諾料の支払いを求めることが許される場合があるのでしょうか。 80
49 貸家の真上の階からの水漏れが原因で、借主の部屋が水浸しになった場合、家具等について貸主は賠償責任を負うのでしょうか。 82
50 入居者の不注意でボヤが発生し、部屋の設備が破損しました。入居

者にどのような責任を問えるのでしょうか。 83
51 居住するマンションの1階の壁に、借主が、壁が汚れて不潔な感じがして不愉快に思うようなペンキの落書きがあります。貸主はどのような措置をとる必要があるのでしょうか。 84
52 所有するマンションの隣に高層マンションが建ったために、借主の居住の景観が損なわれ、見晴らしや陽当たりが悪くなりました。貸主として何らかの対抗手段をとる必要があるのでしょうか。 85
53 第三者が貸家を不法に占拠し賃借人が使用妨害を受けている場合、賃借人自身が第三者に妨害の停止等を求めることは許されるのでしょうか。 86

第2章　家賃の支払・更新・解約・変更・敷金をめぐるトラブル

1 借主が家賃を1か月滞納したために「契約書通り、家賃に対する年利12%相当額の遅延損害金を払うように」と借主に請求することは可能でしょうか。 88
2 借主が家賃を滞納した場合に、遅延損害金の利率についてはどのようなルールがあるのでしょうか。 89
3 借主に対する家賃の支払請求について、時効により消滅することはありますか。また、時効による消滅を阻止する手段はあるのでしょうか。 90
4 マンション運営を行う場合、賃貸後の家賃の値上げが可能なケースや適正家賃の基準、不動産価格への連動家賃の設定が可能かどうか教えてください。 92
5 数年前から知人に店舗を貸していますが、店舗経営が順調であるため、今度家賃を値上げしようと考えています。店舗関係の家賃の決め方や基準はあるのでしょうか。 93
6 借主が今後支払う予定である、将来発生する予定の家賃支払請求権を第三者に譲渡することは可能なのでしょうか。 94
7 賃貸人に対して債権を持つ人は、賃借人に対して直接自分に対して賃料を支払うよう請求することが認められるのでしょうか。 95
8 建物の借主が転貸借契約を締結している場合、建物の所有者（貸主）である私は、転借人から直接賃料を支払ってもらうことは可能でしょうか。 96
9 借主のために値上げをせずに建物を貸し続けていましたが、期間満了時の明渡しに応じず困っています。本当は請求したかった過去の家賃を増額請求するのは可能でしょうか。 98
10 借主から家賃の減額請求を受けたのですが、どのようにしたらよいのでしょうか。 99
11 貸家の一部が失火により使用できなくなった場合に、家賃の減額を認めなければならないのでしょうか。 100

12 契約書に「2か月家賃を滞納した場合は理由を問わず解除できる」という特約があるのですが、特約どおり、立退きを要求してもよいのでしょうか。 102
13 家賃の滞納に我慢できません。滞納した借主が悪いのですから、鍵を取り替えて追い出したいのですが、後で問題になるのでしょうか。 103
14 貸しているアパートの住人の一人がたびたび家賃を滞納します。以前なら翌月にまとめて支払われていましたが、滞納家賃が3か月分となりました。契約解除はできますか。 104
15 あと1年弱で当初の契約期間が満了する場合、貸主が何も言わない場合に、借主を退去させせることができるのでしょうか。 105
16 賃貸借契約更新時に、家賃の値上げとそれに伴う敷金追加分を請求しました。敷金の追加請求は認められるのでしょうか。 107
17 貸主が家賃の受領を拒み解約を申し入れた後に、借主が供託した家賃を受理すると、解約の申入れは撤回されたことになりますか。 108
18 更新時に賃料2か月分の更新料の支払いを請求したところ、「不当な請求」と言われ支払いを拒否されました。妥当な金額だと思うのですが。 109
19 法定更新になると更新料を請求できないのでしょうか。 111
20 貸主が立退料を支払うことになるのはどんな場合でしょうか。 112
21 立退きの際に考慮される「正当事由」とはどんな事情のことをいうのでしょうか。 114
22 海外赴任中の3年間だけ自宅を貸し出したいと考えています。こうした一時的な賃貸借契約でも、借主に立退料を払う必要があるのでしょうか。 116
23 借主が造作買取請求権を行使してきた場合、貸主としてはどのように対応する必要があるのでしょうか。 117
24 店舗用ビルの賃貸借の契約書に有益費償還請求放棄の特約がある場合、店舗用ビルの内装工事費を支払う必要はあるのでしょうか。 118
25 退去の立会に借主が現れず残置物がでたような場合に、後始末はどうすればよいのでしょうか。死亡や行方不明の場合はどうすればよいのでしょうか。 119
26 部屋を貸した者が無断転貸をしており、借主とは別人が居住していました。賃貸借契約を解除することは可能でしょうか。 121
27 借主が転勤している期間、借主の友人がマンションに住む場合、また貸しにあたりますか。家主は承諾しなければなりませんか。 122
28 借主が無断で行った転貸について、家主が注意や警告を行わなかった場合、家主は転貸を承諾したことになるのでしょうか。 123
29 賃貸マンションで借主が個人事業を行っていますが、無断で株式会社へ変更しようとした場合には、無断転貸にあたり契約を解除する

ことはできるのでしょうか。 124
30 アパートの賃貸借契約を結び、借主が敷金や家賃を支払っている状態で、入居後すぐに解約を申し出た場合、敷金や家賃の全額返却の希望に応じなくてはならないのでしょうか。 125
31 家主が通告した督促期限より３日後に借主が滞納していた３か月分の家賃を支払った場合に、退室を求めることは可能なのでしょうか。 126
32 家主の変更にあたり借主の許可は必要ですか。また、賃借権の無断譲渡などによって借主の変更を認めなければならないのでしょうか。 127
33 賃貸中の建物の売却等を行っても、依然として売主が貸主であり続けることはできますか。また、修繕費用の負担についてはどのように扱われますか。 128
34 契約の途中で定期借家権に切り替えることはできるのでしょうか。 130
35 権利金･礼金･敷金とは、それぞれどのような違いがあるのでしょうか。 131
36 貸主は預かった敷金を必ず返還しなければならないのでしょうか。また返還時期について規定はどのようになっているのでしょうか。 133
37 保証金とはどのようなお金なのでしょうか。 135
38 借主が退去する場合に、入居する前と全く同じ状態にまできれいにしてから部屋を返還することを求めることは可能でしょうか。 137
39 退去にあたり、壁紙等の汚れについて「壁紙の取替費用を敷金から差し引く」と伝えることは可能でしょうか。 139
40 敷金の精算の際、クリーニング代はどの程度差し引いてよいのでしょうか。 141
41 退去時の立ち合いをしたところ、部屋タバコのヤニがひどいのですが、敷金から費用を差し引いてよいのでしょうか。 142
42 ペットによる傷や地震による家具転倒についての損害費用も敷金から差し引いてよいのでしょうか。 143
43 借主から敷引特約によって取得した金銭の返還を求められていますが、返還の必要はあるのでしょうか。 144
44 借主が借金をしていたようで、「敷金返還請求権を差し押さえる」という内容の通知が届きました。滞納家賃などを差し引くことはできないのでしょうか。 145
Column 賃料はどのように決めればよいのか 146

第３章　借地契約についてのトラブル

1 「土地は一度貸したら返ってこない」と言われるのはなぜでしょうか。 148
2 自分の所有する土地にマンションを建設し、自身も一室に居住しながら家賃収入で生活することを考えています。このように、自分の土地を自分で借りることは可能なのでしょうか。 150

3 定期借地権とはどんな権利なのでしょうか。 151
4 借地契約の更新について教えてください。 153
5 一時的借地権かどうかの判断はどのように行われるのでしょうか。 155
6 30 年前に締結した借地権契約を更新すると、借地権の存続期間はどのようになるのでしょうか。 156
7 借地人が地代を払わない場合は、どう対応すればよいのでしょうか。 157
8 地価の変動に合わせて地代を決める場合について教えてください。 158
9 税の負担が大きいので地代を値上げしたいのですが可能でしょうか。 159
10 借地人が無断で温室を建てているのですが、無断で温室を建てたことを理由に地代を増額請求することはできますか。 160
11 借地人が借地権譲渡を行った場合、地主が承諾と引き換えに名義書換料の支払いを求めることができるのでしょうか。 161
12 駐車場経営を行う際には届出などは必要なのでしょうか。契約を締結するときにはどのような事項を定めておく必要がありますか。 162
13 駐車場として貸したのに住宅を建てられた場合に立退きを求めることはできるのでしょうか。 163
14 借地契約が更新されないことを理由とする借地人の建物買取請求は、いつまでも請求されるおそれがあるのでしょうか。 164
15 借地上の建物が滅失した場合、借地契約は存続するのでしょうか。 165
16 借地上の建物を無断で売却していた借地人への法的な対処法を教えてください。 166
17 高齢の借地権者から、子どもへ譲渡する旨の承認を求められた場合、どのように対処したらよいのでしょうか。 167
18 借地契約期間が満了したのですが、地主は契約更新を認めたと判断される場合があるのでしょうか。 168
19 更新後に滞納地代を連帯保証人に請求できるのでしょうか。 169
20 契約途中で、契約期間を短縮したいと考えているのですが、どのようにしたらよいのでしょうか。 170

第４章　不動産を賃貸その他運用したときの法律と税務

1 不動産賃貸業をはじめる予定の者です。「所得」と「収入」という用語がありますが、これらは意味が違うのでしょうか。 172
2 所得税の課税のしくみはどのようになっているのでしょうか。 173
3 不動産賃貸業による家賃収入などは不動産所得として所得税が課されることになるのでしょうか。 175
4 不動産所得の金額はどのように算定するのでしょうか。 176
5 不動産賃貸業で赤字が出ても損益通算で税金の負担を減らせると聞

きました。これはどういう意味でしょうか。 178
6 礼金や敷金も不動産所得にあたるのでしょうか。 180
7 不動産所得の収入はいつの時点を基準に判断するのでしょうか。 181
8 テナントビルのオーナーです。確定申告の際に経費として扱われるものについて具体的に教えてください。 182
9 建物に大がかりな修繕を行ったのですが、すべて費用として計上してよいのでしょうか。 184
10 建物について考慮する減価償却費とはどのように計算するのでしょうか。 186
11 減価償却費の具体的な計算例と節税ポイントについて教えてください。 188
12 借家人に立退料を支払った場合の税金の処理について教えてください。 190
13 遊休地を分譲地として活用し、借地権を設定して権利金を得る予定ですが、収益はどのように扱われるのでしょうか。 191
14 管理委託方式でアパート経営を行う場合、課税はどのように行われるのでしょうか。 192
15 サブリース方式でアパート経営を行う場合、税務面において注意すべきことはありますか。 194
16 サブリース物件の所有者は、転借人に対して、直接自分に対して家賃を支払うように請求できるのでしょうか。 196
17 サブリース契約のもとになっている賃貸借契約が解除された場合に、貸主は入居者の退去を求めることができるのでしょうか。 197
18 サブリース契約の更新拒絶をしたいのですが、どのような場合にできるのでしょうか。 198
19 不動産所有方式でアパート経営を行う場合、税務上どのような点に注意すべきでしょうか。 199
20 不動産所得の課税についてその他どんな注意点がありますか。 200
21 賃貸ビルのオーナーです。1階部分が店舗、2階より上が居住用です。これらの賃貸料収入は消費税の対象になりますか。 201
22 アパート・マンション経営で消費税の還付が受けられるのはどんな場合でしょうか。 202
23 個人でアパート経営をするよりも会社を設立して経営した方が節税になると聞いたのですが、本当でしょうか。 203
24 会社形態でアパート経営をしようと考えているのですが、どんな点に注意すべきでしょうか。 204
25 マンションの一室を民泊ビジネスに活用することはできないのでしょうか。 205
26 ビジネスに適した物件かどうかをどのように判断すればよいのでしょうか。民泊ビジネスに適さない物件もあるのでしょうか。 207

27 借主が貸家を利用して無断で民泊を経営しています。民泊経営を無断転貸として、賃貸借契約を解除することは可能でしょうか。 210
28 空き家を賃貸して有効に活用したいのですが、空き家について法律の規制はあるのでしょうか。 211
29 更地はどのように利用すればよいのでしょうか。 214
30 所有不動産の運用を考えているのですが、不動産信託とはどんな制度なのでしょうか。 215
31 不動産信託を行った場合、税金はどのように課されるのでしょうか。 217

第5章　トラブルを予防・解決するための知識

賃貸トラブルの種類と解決法
家賃の滞納や敷金の返還をめぐるトラブル 220／借家のトラブル 220／借地のトラブル 222／最終的には訴訟や強制執行によって解決する 222
内容証明郵便の利用法
内容証明郵便とは 223／内容証明郵便の書き方 224／内容証明郵便の出し方 224／内容証明郵便が届かなかった場合 224
書式 家賃滞納による契約解除の通知書 227
供託
どんなときに利用されるのか 228
書式 供託された家賃を受け取るときの通知書 229
裁判手続き
裁判の提起から判決まで 230／裁判所の窓口の利用法 231／民事調停とは 231／支払督促 232／少額訴訟 235
強制執行
強制執行とは 236
借地非訟
訴訟とは異なる緩やかな手続き 238／申立手続き 239
契約書の作成法
契約書の作成形式 241／賃貸借契約書と印紙税 243／争いが生じやすい事柄と記載例 244／賃貸借契約で特に注意すべき特約 245／トラブルが発生した場合 247／消費税の有無 248
公正証書
公正証書とは 249／公証役場の手続き 250／公正証書にする契約と公正証書にするのが望ましい契約 250／事業のための借入と公正証書 252
資料 賃貸住宅トラブル防止ガイドラインによる貸主・借主の負担区分 253

序章

民法改正と
賃貸借への影響

賃貸借を規定する法律にはどんなものがあるのでしょうか。

一般法の民法の特別法として、主に借地借家法の適用を受けます。

賃貸借は、賃貸人が賃借人に物を使用・収益させ、賃借人が対価として賃料を支払う契約です。本・DVD・自動車といった動産から土地・建物といった不動産まで、賃貸借は広く利用されていますが、特に重要なのは不動産の賃貸借です。不動産の賃貸借について規定している主な法律は民法と借地借家法です。

① 民法

賃貸借契約の成立、効力、当事者の義務、終了（解約など）などの事項については、社会で生じる問題についての基本的ルールを定めた民法に規定が置かれています。賃貸借契約に関する民法の規定は、後述の借地契約・借家契約に共通して適用されます。

② 借地借家法

民法は賃貸借契約の大枠を定めたにすぎません。借地や借家をめぐる法律関係については借地借家法が中心的に適用されることになります。特に民法の規定だけでは借主（賃借人）が十分な保護を受けることができない状況にあるので、借地借家法で民法の原則が変更されており、借主が強力に保護されています。

居住用であるか営業用であるかを問わず、建物所有を目的とする土地の賃貸借（借地契約）や、建物の賃貸借（借家契約）については、借地借家法が適用されます。民法にも賃貸借に関する規定がありますが、借地契約や借家契約については、借地借家法が優先的に適用されます。不動産の賃貸借契約で借地借家法が適用されないのは、一時的に土地や建物を使用する場合や、建物を所有する目的のない土地賃貸借などに限られます。

借地借家法は借主（入居者）の保護を目的とする法律です。そのため民法と比べて借主に有利な規定が多く存在します。具体的には、貸主（賃貸人）は「正当な事由」がなければ契約更新を拒絶できないなどの規定があります。

③　消費者契約法

消費者契約法は一般の消費者と事業者が契約を結ぶ際に、消費者に不当に不利な契約が結ばされないようにするためのルールを定めた法律です。そして、不動産の賃貸借契約は、事業として賃貸業を営む貸主（地主・家主）と、一般の消費者である借主（借地人・借家人）との間で結ばれることが多く、このような賃貸借契約に対しては消費者契約法が適用されることになります。

④　区分所有法

区分所有法は、主に分譲マンションの区分所有者（分譲マンションの各部屋の持主）を適用対象としますが、区分所有者から部屋を借り受けている賃借人にも適用される場合があります。

■ 借家契約・借地契約にかかわる主なルール

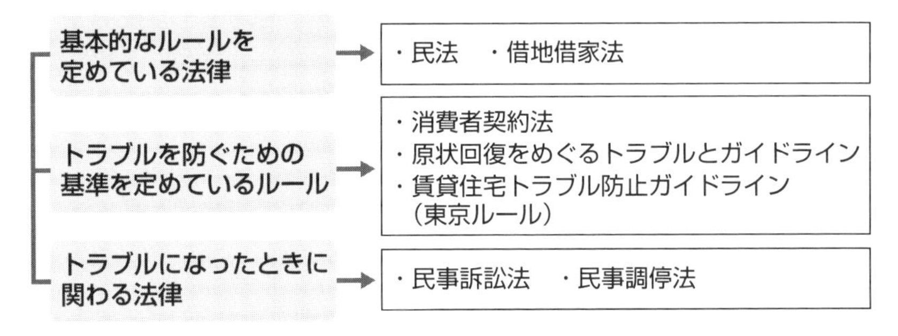

120年ぶりに民法が改正されましたが、賃貸借についてはどのような改正が行われたのでしょうか。

存続期間、返還義務、敷金、修繕費用、原状回復など、様々な改正がなされました。

2017年（平成29年）6月に改正民法が公布されました。施行時期について、法務省は2020年（平成32年）4月1日を施行日とする旨を2017年12月に発表しています。賃貸借に関する規定についても、多くの規定が改正されています。主な賃貸借に関する規定の改正ポイントを見ていきましょう。

①　賃貸借契約の存続期間の伸長

改正民法においては、比較的長期に渡る賃貸借契約を結ぶことが可能になります。具体的には、賃貸借の存続期間は「50年」を超えることができないと改められることになり、改正前民法の20年よりも長期に渡る賃貸借契約を結ぶことが可能になりました。

②　賃貸借契約の契約終了時の目的物の返還義務の明記

改正民法は、当然の前提といえますが、賃貸借契約の効力に関して、賃借人の義務として賃料の支払義務を規定しています。

また賃貸借契約の終了後に、賃借人（借主）が目的物を賃貸人（貸主）に返還する義務を負うことが明記されました。

③　敷金の定義規定の新設

改正前民法では、敷金と何かについて、明文の規定が置かれていませんでした。そこで、改正民法は、敷金とは「名目を問わず賃料債務その他の賃貸借に基づいて生じる賃借人の債務を担保する目的で賃借人が賃貸人に交付する金銭をいう」として、敷金の定義規定を置きました。また改正前民法においては、特に敷金の返還時期が契約終了時なのか、建物の明渡時なのかが争われていましたが、改正民法では、賃貸借契約が終了し目的物が賃貸人に返還された時であるという明文の規定が置かれています。

④　修繕費用に関する規定

改正民法では、貸主が修繕費用を負担するという改正前民法の規定を維持しつつ、賃借人の落ち度（帰責事由）により修繕が必要となったときは、賃貸人は修繕義務を負わないことが明らかにされました。たとえば賃借建物の屋根を自分で壊した賃借人について、賃貸人はその屋根の修繕義務を負わないということです。

⑤　契約終了後の原状回復義務

改正民法では、賃借人が目的物を借り受けた後に附属させた物がある場合、賃貸借契約が終了したときは、賃借人がその附属させた物を収去する義務を負うことが明らかにされました。さらに賃貸借契約終了時における目的物の原状回復義務について、改正民法では、目的物に生じた損傷が「通常の使用及び収益によって生じた賃借物の損耗並びに賃借物の経年変化」（通常損耗・経年変化）を除くものである場合に、賃貸人が賃借人に対して原状回復することを求めることが可能になるとの規定を新設しています。

●不動産賃貸借に関連する規定の改正

直接的に賃貸借契約に関する規定ではありませんが、賃貸借契約に影響を与えることが想定される規定についても改正されます。たとえば事業用融資を保証する個人である保証人の保護に関する規定が挙げられます。個人や中小企業が事業のために金銭を借り入れようと考えた場合には、保証人が要求されるのがほとんどです。この際、保証人が過度に負担の重い保証契約から解放されるよう、事前に保証意思を確認する公正証書を作成しなければならないなどの制度が整えられました。また改正前民法は、民事と商事において異なる法定利率を定めていましたが、改正民法では、施行時に年３％へ引き下げ、その後は市場金利の変動を踏まえ3年ごとに１％刻みで見直す変動制を採用しています。

●改正法に伴う法律関係はどうなる

改正民法の施行後に結んだ各種の契約には、原則として新法の規定（改正後の規定）が適用されます。しかし、継続的な取引がある相手方との間で、施行日をまたいで存続する契約関係等については、旧法（改正前民法の規定）、新法のいずれが適用されるのかによって、取引の内容に大きな影響を与える場合も少なくありません。そこで、改正民法は経過措置規定（新旧のどちらが適用されるかなどにつき、社会の混乱を避けるために法の過渡期に定められる規定）を設けて、改正に伴う法律関係を整理しています。

たとえば賃貸借契約の存続期間を50年とする規定や、個人保証に関する公正証書の作成義務に関する規定は、施行日以後に新法の規定が適用されます。また、時効や法定利率に関する規定も、施行日前に発生した債権について新法の適用はありません。特に債権者の地位にある賃貸人等は、改正民法に基づく短期消滅時効期間（施行に伴い廃止されます）の経過に注意が必要です。

■ 不動産賃貸借に対して民法改正が及ぼす影響 ……………………

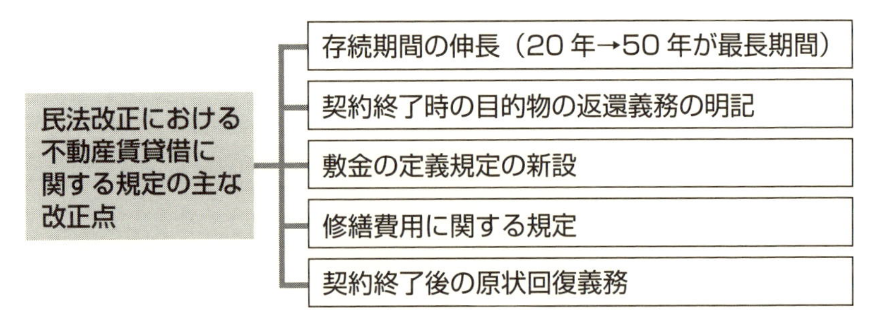

第1章

借家契約を結ぶときのトラブル

家を貸すときの契約書を作成する際の注意点を教えてください。

重要事項について借主にしっかりと説明することが大切です。

賃貸借契約は、原則として、賃貸人と賃借人の二者間で取り交わす契約です。契約書によって契約の内容を明確にしておかないと、後々トラブルが発生する原因にもなりますので、十分注意して契約書を作成する必要があります。

アパートの部屋などを貸す場合には、家主が貸主（賃貸人）、入居者が借主（賃借人）ということになりますが、場合によっては、借主の保証人も含めた三者間において、契約書を作成するということもあります。

契約書にはどのような内容を入れればよいのでしょうか。まずは、①賃料（家賃）の額と支払方法を明記します。通常は、「賃料は、毎月５万円、管理費１万円とし、前月の末日までに、貸主の指定した口座に振り込むこと」といった条項を入れます。

次に、②契約開始日、③契約期間、④契約の更新について明記します。契約書には、「契約期間は、平成○年○月○日から２年間とする」「契約を更新しない旨の申し出がない限り、契約は自動的に更新する」といった条項を入れます。さらに、⑤契約の解約（中途解約）について明記します。通常、「契約を解約する場合は、１か月前に申し出ること」といった条項を入れます。

この他、⑥賃料などの改定、⑦禁止事項（「ペット禁止」や

「ストーブの使用を禁止する」といった内容)、⑧修繕費用の負担(「部屋の設備を壊したときは、借主が費用を負担して修繕する」といった内容)、⑨契約の解除（「借主が賃料を6か月滞納した場合は、契約を解除する」といった内容)、⑩敷金や保証金の返還、といった内容を条項として明記する必要があります。

貸主は、これらのことを契約内容として契約書に定め、借主に提示し、一つひとつの条項を丁寧に説明する必要があります。そして、借主が契約内容について十分納得したところで、契約を締結するようにします。

契約締結の際には、当事者が個人であれば、その住所を記載し、署名・押印をします。当事者が法人である場合には、本店住所・法人名を記載し、代表者が署名・押印をします。印鑑は、通常は何を使ってもかまいませんが、証明力を強くするには、市区町村(法人の場合には法務局）に登録してある印鑑（実印）で押印するのが望ましいでしょう。

なお、法律が特に要求している場合を除いて、契約書の作成の形式は自由です。手書きではなく、パソコンで作成するのが一般的です。賃貸借契約書については、国土交通省のホームページに掲載されている「賃貸住宅標準契約書」が参考になりますので、この契約書をベースにして契約書を作成するのがよいでしょう。

■ 契約書を作成する意味

契約をした証拠となる	トラブル防止、裁判での強力な証拠となる
契約遵守	契約書に記載されることにより、口約束のような曖昧さが排除され、契約を遵守する意識が高まる
ルールの明確化	契約書を作ることにより、建物や土地を使用する上での注意事項が明確になる

不動産の間取りや畳数の表示については基準があるのでしょうか。不当表示だったことが後でわかった場合、借主から責任追及を受けますか。

畳数に関して基準があります。不当表示である場合には、解除や損害賠償請求を受けるおそれがあります。

不動産の広告表示において、DKまたはLDKという表示が用いられます。DK（ダイニング・キッチン）とは、台所と食堂の機能が併存した１つの部屋をさし、LDK（リビング・ダイニング・キッチン）とは、居間と台所と食堂の機能が集約した一室をいいます。居室（寝室）数に応じて、特定の用途に従った使用に堪え得るために、必要な広さ・形状・機能を持っている不動産については、端的に２DKや３LDKなどの表示が行われています。

不動産の取引について行う表示については、不動産公正取引協議会連合会の「不動産の表示に関する公正競争規約」にルールが定められています。DK・LDKについて最低限必要な広さの目安として同じく不動産公正取引協議会連合会が出している「DK・LDKの広さの目安となる指導基準」が参考になります。不動産に関する事業者（広告会社などを含む）がDKまたはLDKとの表示を用いるときには、実際の広さはまちまちでも、居室（寝室）数に応じて最低必要な広さ（畳数）の目安（次ページ図）を定めており、これを指導基準としています。

●表示と実際の部屋の広さが異なる場合

パンフレットや間取り図面などを見て契約することを「見本契

約」といいますが、実際の部屋が間取り図面より狭い場合、それが軽微なものである場合を除き、帰責事由（落ち度）のない借主は、賃貸借契約を解除することができます（これを「契約不適合責任」といい、平成29年の民法改正で導入されました）。

また、借主に損害が発生していれば、賃貸借契約の解除だけでなく、別途、損害賠償の請求として、敷金、前家賃（支払済の翌月以降の賃料）、新たに物件を借りる費用、引越費用などを請求することができます。部屋に入れる予定であったデスクが、部屋が狭いために搬入できず、仕方なく別のデスクに買い替えた場合の費用なども損害賠償請求の対象となります。

しかし、実際の部屋が間取り図面より狭いといっても、それが軽微であるときは解除が認められません。軽微でないといえるには、間取り図面に示されていたものと比べて１部屋不足している場合や、１ｍ幅の廊下のはずが50cm幅しかないような場合でなければならないと考えられます。トラブルを避けるためにも、必ず実際の部屋を見てもらった上で契約を締結しましょう。

■ 広さの目安となる基準

建物が取引される際に、ＤＫ・ＬＤＫという表示を行う場合の表示のあり方を示す。

【ＤＫ】　１部屋：４.５畳　２部屋以上：６畳以上
【ＬＤＫ】１部屋：８畳　　２部屋以上：１０畳以上

この基準は、あくまでも建物が取引される際に、ＤＫまたはＬＤＫという表示を行う場合の表示のあり方を示すものであり、不動産事業者が建築する建物のＤＫまたはＬＤＫの広さ、形状及び機能に関する基準を定めたものではない。

契約で特約を定めるときにどんな点に注意すればよいのでしょうか。

賃借人の権利を侵害したり不当な義務を負わせる特約は無効になる場合があります。

賃貸借契約の中には、借地借家法に反しない限り賃貸人にとって有利な条項を置くことができます。賃貸人にとって有利な契約条項としては、通常損耗や経年変化（劣化）の修繕にかかる費用を賃借人に負担させる特約、賃貸借契約を更新する際の更新料についての特約、賃貸人が負担する不動産の修繕義務を回避する特約、造作買取請求権を排除する特約、有益費償還請求権を排除する特約、賃料を増額するための特約などがあります。

また、敷金や保証金に関して、契約終了後には、本来賃借人に返還されるべき金銭です。しかし、敷金等の返還をめぐりトラブルが多く発生しています。たとえば、賃料の滞納などがないにもかかわらず、一定程度の割合の金銭を差し引いた上で敷金を返還するという内容の特約が置かれていることもあります。

このような契約条項は、賃借人にとっては不利な契約条項になりますので、契約条項の内容について賃借人に十分な説明を行い、賃借人の了解を得ることが必要です。特に賃貸人が事業者で賃借人が消費者（個人）のようなケースでは、消費者の権利を制限したり消費者の義務を加重する契約条項で、消費者の利益を一方的に害するものについては、消費者契約法10条が適用され、特約自体が無効とされるおそれもあります。

賃料自動改定特約を置くことはできるのでしょうか。

可能ですが、特約の無効や減額請求の問題が生じないようにすることが大切です。

「５年毎に５％賃料を増額する」というように、賃料自動改定特約を置くことは自由です。ただし、結果として賃料が不相当に高額になれば、特約の無効や賃料減額請求の問題が生じます。

賃料自動改定特約を設定する場合、通常は最初の賃料を安くして徐々に賃料を高くしていきます。たとえば、周辺の家賃相場よりも契約締結時は賃料を安くしておき、契約更新のたびに数％ずつ賃料を増額していき、最終的に相場と同じ程度の賃料とします。

こうすれば、賃借人の負担が不当に重くなることもなく、契約締結直後は賃料が安くなっていますので集客効果も見込めます。

■ 賃料自動改定特約の規定例

第○条
賃料は１年ごとに改定する。改定ごとに賃料は年２％ずつ増額する。

※注意点

・通常は当初の賃料を安くしておき、徐々に賃料を増額していくことで賃料を相場に近づけるという手法がとられる。
・改定による賃料増額の幅があまりにも大きいと、賃料自動改定特約自体が無効になる可能性がある。

手付金とはどんなものなのでしょうか。

手付金は、賃貸借契約を結ぶ際に支払うお金です。

手付金とは、賃貸借契約を締結する際に、賃借人が賃貸人に対して交付する金銭のことです。支払う手付金の相場は、１万円程度から賃料（家賃）の１か月分以内の金額が多いようです。

手付金に関しては、賃借人が物件を借りるという申込の意思を示すために「預り金」として金銭を不動産会社に交付し、賃貸人が申込を承諾して不動産会社からその金銭を受領すると、賃貸借契約が成立して預り金が「手付金」に変わる、という方式をとるケースが多いようです。ただ、東京都のように賃貸住宅では手付金の交付を求めないよう指導している自治体もあります。

手付金の授受がなされた場合、賃借人は手付金を放棄して解約（契約のキャンセル）ができます。一方、賃貸人は手付金の倍額を支払って解約ができます。ただ、賃貸人が賃借人に鍵を渡すなど相手方が契約の履行を開始すると、解約ができなくなります。

不動産会社を介して、賃貸人は「申込金」「内金」「預り金」などの金銭を賃貸人から受け取ることもあります。申込金は、契約を結ぶ意思を示すために支払う金銭です。内金は、契約金総額の一部を先に支払っておくもの（前払い）です。預り金は、賃貸借契約が終了して明け渡すまでの間、賃借人が賃貸人に預けておく金銭という意味もあり、敷金や保証金がその代表例です。

預り金・申込金をめぐるトラブルにはどんなものがあるのでしょうか。

申込みの撤回がなされた場合、不動産会社は受領した申込金の返還を拒めません。

たとえば、希望する物件が見つかり、入居の申込みの際に、不動産会社が数万円程度の金銭を「申込金」として支払うことを要求する場合があります。しかし、その後に、申込人が申込みを撤回したいと考えて、支払った申込金の返還を要求すると、不動産会社が「いったん支払った申込金は返還できない」と言って返還に応じない、という内容のトラブルが頻発しています。

申込金は、申込みの順位を確保するための証拠金などとして授受される金銭ですが、「預り金」と呼ばれることもあります。

預り金の性質として、契約成立前に申込を撤回した際に、申込人（賃借人）に返還されることが予定された金銭である、ということができます。宅地建物取引業法施行規則では、契約の仲介を行う不動産会社に対して、申込金（預り金）の返還を拒否することを禁止しています。したがって、不動産会社は申込人が申込みを撤回した際には、必ず申込金を返還しなければなりません。

もっとも、契約成立時に申込金（預り金）が「手付金」に変わる場合（前ページ）には、申込人への手付金の返還を要しないことがあります。しかし、トラブルの発生を避けるため、申込人から申込金を受け取る場合には、返還などの条件を説明し、これを明記した預り証を交付するべきといえるでしょう。

入居審査をする際に必要な書類はどのようなものでしょうか。断った場合に理由を伝える必要はあるのでしょうか。

入居希望者の身元や所得を確認する書類が必要です。入居を断る際に、理由を伝える必要はありません。

入居希望者が見つかって貸主としては一安心かもしれませんが、まだまだ安心できません。その入居者は本当に貸主にとって「優良な」入居希望者でしょうか。まずは入居希望者の現在の状況を確認して審査するようにしましょう。具体的には、①入居の動機、②保証人の有無、③勤務先と勤続年数など主要な事項を確認します。たとえば、入居希望者が実は家賃滞納の常習犯で、前のアパートから追い出された人だというケースもありますので、忘れずに確認するようにしましょう。

●審査の流れと提出書類

入居希望者に主要な事項を確認し忘れて素行のよくない入居希望者と契約してしまうと、入居を始めた途端、賃貸物件を乱雑に扱ったり、近隣の入居者とトラブルを起こしかねません。その結果、優良な入居者が退去してしまい、新規の入居者が見つからないという負の連鎖が起こってしまいますので、しっかりと見極めなければなりません。審査をする際には、入居申込書に必要事項を記載させてから、入居希望者と面談しましょう。

面談時にチェックする内容は、入居者や保証人の経済力と入居者の人柄です。そこで、入居審査の際に入居申込書とともに、次のような書類の提出を求めることになります（下図）。まず、申込者の素性が明らかであることが必要ですので、本人確認のための免許証やパスポート、そして、現住所を確認する書類として、住民票の提出を求めます。次に、賃料を支払い続ける経済力を持っているのかを確かめることが重要です。そのために、入居希望者の所得証明書の提出を忘れずに求める必要があります。

なお、賃貸借契約においては、賃料の継続的な支払いを確保するために、連帯保証人の選任を求めるのが通常です。連帯保証人に関しても、入居希望者と同様に、支払能力を見極める必要がありますので、連帯保証人となる者の所得証明書を提出してもらいましょう。提出を拒んだ場合には、契約を断ることも可能です。また、連帯保証人が自らの意思に基づいて、保証契約を結んでいることを確かめるために、連帯保証契約書には実印の押印を求めるとともに、印鑑証明書の提出を求めることが一般的です。

●入居を拒否したことがトラブルにつながることもある

貸主が入居希望者を審査し、入居してほしくないと判断した際に気をつけたいのが、どのように断るかということです。入居拒否理由の開示を求められても答える義務はありませんので、後々のトラブルを避けるためにも結果だけを伝え、やんわりと断るようにしましょう。

■ 入居審査に合わせて必要になる書類

①入居申込書
②入居希望者の本人確認書類（免許書・パスポート等）
③入居希望者の所得を証明する書類（所得証明書等）
④連帯保証人について必要な書類（所得証明書、印鑑証明書等）

入居希望者に申込書を記入してもらい賃貸借契約を結びました。しかし申込書の勤務先をすでに退職し、現在は無職だそうです。虚偽記載を理由に契約を解除できますか。

契約解除は、特約の有無に限らず互いの信頼関係が損なわれた状態であれば可能です。

本ケースの場合、法的にいえば、契約書に「申込書に虚偽の記載がある場合は、貸主は契約を解除できる」などの特約があれば契約を解除することができます。特約がない場合でも、借主は事実を偽って利益を得ていることから、貸主が詐欺を理由に契約の取消を主張することも考えられます。

しかし、実際は借主が貸主の契約解除の要求に納得して自ら立ち退くとは限りません。最終的には裁判所に提訴する方法もありますが、詐欺を主張する場合には、借主が申込書に虚偽の内容を書いたことを貸主側が立証しなければなりません。また、上記の特約があるとしても、裁判所は、まずは貸主と借主との間で明らかに信頼関係を損なう事実があったかを重視します。

貸主にしてみれば、申込書に虚偽を書いた時点で不信感を抱くのが当然といえます。しかし、裁判所では申込書の勤務先欄に虚偽があったとしても、借主が契約通り家賃を支払っていれば、貸主と借主との間の信頼関係を完全に壊すような状況ではないと判断するのが一般的です。したがって、現状のままでは、貸主側からすぐに契約を解除するのは難しいといえます。今後、家賃滞納などの新たな事情が発生したような場合には、契約を解除することができる余地があります。

持家を賃貸したいのですが借主が信用できず家賃の支払面で心配があります。連帯保証人を立ててもらい契約を結びたいのですが、注意点はありますか。

一般的には借主の親や親戚、資力のある友人や知人が連帯保証人になります。

賃貸借契約での連帯保証人とは、賃貸借契約から生じる借主の債務（家賃や修繕費の支払義務など）を、借主と連帯して保証する義務を負う者のことです。実際に連帯保証人を探して依頼するのは借主ですが、法律上は連帯保証人と家主との間で保証契約を結びます。借主に滞納家賃や破損した設備の修繕費未払などがある場合、家主は直接連帯保証人に支払いを請求できます。

本ケースのように借主との信頼関係が不十分な場合は、連帯保証人の要求が効果的です。実際、ほとんどの家主が借主に連帯保証人を立てることを要求しています。連帯保証人を頼む相手の資格について、法律上は特別の規定がありません。身元がはっきりしており、ある程度資力のある人に、依頼してもらいましょう。

連帯保証人が決まったら、必ず連帯保証人本人に賃貸借契約書に署名と押印をしてもらいます。連帯保証人が遠方に住んでいる場合であっても、郵便などを利用して必ず連帯保証人本人の直筆による署名をとりつけることが必要です。

さらに、平成29年の民法改正で、個人が借主の保証人（連帯保証人）となることは「個人根保証」（不確定な金額の債務を保証すること）に当たるとして、極度額（保証限度額）を定めないと保証契約が無効になるとしたことに注意が必要です。

入居予定者から「連帯保証人と会うのは少し後になるが先に入居したい」という申入れを受けたのですが不安です。入居を拒否できますか。

連帯保証人がいない場合は、一般に入居を拒否することができると考えられます。

賃貸借契約では、連帯保証人を選任するよう求められることが通例です。借主は賃料や修繕費などの支払義務を負うため、借主の支払能力の有無が重要です。連帯保証人がいる場合には、もし借主が賃料などを支払うことができなくなったとしても、連帯保証人から賃料の支払いを受けることが可能であるため、貸主にとっては、安心して契約に臨むことができます。

入居にあたり、貸主は、借主に安定した支払能力があるかどうかを確かめるため、入居希望者を審査します。これを入居審査といいます（28ページ）。入居審査では、入居申込書に入居予定者の氏名・職業等を記載しますが、その他に連帯保証人に関する事項（職業・年収・勤務先・連絡先など）の記載を求めます。

本来は賃貸借契約と保証契約（連帯保証人と賃貸人との間で結びます）は別の契約ですが、連帯保証人の存在が賃貸借契約の成立の条件になっていると評価することができます。そのため、入居予定者が連帯保証人を連れて来る前に入居を希望しても、貸主はこれを拒否できます。また、賃貸借契約の条件である連帯保証人を欠いていますので、賃貸借契約自体が成立していないと考えられます。連帯保証人を欠いて契約不成立となった場合、貸主が前家賃や預り金を受け取っていれば、全額の返還が必要です。

借主が事業目的で賃貸借契約を結ぶ場合、保証人になる個人に財産状況を説明しなければ、保証契約自体に何らかの影響があるでしょうか。

借主が説明を怠ったり虚偽の説明を行うと、保証契約が取り消される場合があります。

借主が事業目的で利用する不動産について賃貸借契約を結ぶにあたり、個人が保証人になる場合、保証金額が高額に及ぶおそれがあるため、保証人は借主の返済能力を十分に把握しておく必要があります。平成29年の民法改正では、事業目的による不動産の賃貸借契約により生ずる借主の債務（債務者が事業のために負担する債務）を個人が保証する場合、借主（債務者）は、保証を委託した個人に対して、借主自身の返済資力に関する情報を提供する義務があると規定しています。具体的には、①財産や収支の状況、②主たる債務（借主としての債務）以外に借主が負担する債務の有無やその額・履行状況、③主たる債務の担保として他に提供するものがある場合の内容について説明が必要です。

しかし、本ケースのように、借主（債務者）が情報提供義務に違反して必要な事柄を説明せず、または虚偽の事実（不実）を説明することがあります。この場合、保証人は、保証を引き受けるか否かを判断する際に、重要な情報が得られていないことになります。そこで、債務者の情報提供義務違反により誤認して保証契約の申込みや承諾をした場合、貸主（債権者）が情報提供義務義務違反を知り、または知ることができた場合には、保証人によって保証契約が取り消されることがあります。

賃借人の家賃の滞納状況について、賃借人の委託を受けた保証人から説明を求められた場合に賃貸人は応じる必要があるのでしょうか。

賃貸人には家賃の支払状況に関して説明する義務があります。

債務者から委託を受けて引き受けた保証人（これを「委託を受けた保証人」といいます）にとって、債務者がきちんと債務を履行しているのか否かを知ることは非常に重要です。なぜなら、債務者が債務を契約に従って履行していなければ、後に保証責任を負うおそれがあるためです。債務者の債務の履行状況について正確な情報を得るには、債権者に対して問い合わせることが確実といえます。本ケースのように、賃貸借契約において保証人が保証する借主の債務（賃料債務など）に関する履行状況は、賃貸人に対して説明を求めることが適切であるということになります。

平成29年の民法改正では、委託を受けた保証人が、債務の履行状況について情報の提供を求めてきた場合、債権者は、遅滞なく債務者の履行状況について情報を提供しなければならないと規定しています。したがって、本ケースは委託を受けた保証人であるため、賃貸人は保証人に対して説明義務を負います。

なお、情報提供をすべき相手は、個人の保証人に限らず、法人の保証人（保証会社など）も含みます。また、具体的に提供すべき情報は、主たる債務の元本やその利息・違約金・損害賠償その他主たる債務に付従するすべてについて、不履行の有無、残額、履行期限が過ぎているものの額に関する情報です。

滞納家賃を分割払いにする約束を賃借人が守らなかった場合、賃貸人は、個人である保証人に対してその旨の情報提供義務を負うのでしょうか。

賃貸人は分割払いを怠った旨を個人である保証人に通知しなければなりません。

賃借人が家賃を滞納している場合に、賃貸人との間で取決めを行うことで、滞納家賃を分割して支払う形式を採ることがあります。この分割払いなどのように、決められた期限が到来するまで債務者の返済が猶予されることを「期限の利益」といいます。

もっとも、滞納家賃の支払いですので、分割払いにしたのになお滞納した場合には、「直ちに残額すべてを支払わなければならない」との特約を結ぶのが通常です。この特約は「期限の利益喪失約款」と呼ばれています。そして、本ケースのように賃借人が滞納家賃を滞納して期限の利益を喪失した場合、賃貸人（債権者）は、賃借人（債務者）が期限の利益を喪失した事実を知ったときから２か月以内に、個人である保証人に対して、その旨を通知しなければならないと、平成29年の民法改正で規定されました。この通知は個人の保証人にのみ通知義務があります。保証人の責任が分割金に対して及ぶのか、それとも残金全額にまで及ぶのかにより、保証人の負担が大きく変わるためです。

また、賃貸人は、個人である保証人に期限の利益を喪失した旨を通知しないと、期限の利益喪失から通知時までに発生した遅延損害金を保証人に対して請求できなくなると規定されています。

Question 14 連帯保証人がいない場合に契約する家賃保証会社とはどのようなものなのでしょうか。デメリットはないのでしょうか。

賃料の保証をしてもらえます。が、借主は、保証委託料を支払わなければなりません。

賃貸借契約をする際は連帯保証人を立てるのが原則です。これは借主（入居者）が家賃を滞納した際に効率的に家賃を回収するためだと言われていますが、最近では「連帯保証人すら見つからない」「連帯保証人に資力があるのか不安だ」といったケースが増えています。この場合に利用できるのが家賃保証会社です。

貸主（大家）の立場からすると、家賃保証会社による保証が受けられるため、借主の家賃滞納などの問題を解決できます。また、信用情報を管理しているため、借主や連帯保証人の経済面での審査をしてもらえますので、不良入居者を審査段階で排除することができます。ただし、借主が毎晩のように夜中に仲間を引き入れて大声で騒ぐといった迷惑行為の予防や解決などには積極的に介入してもらえませんので、その点は注意が必要です。

依頼する家賃保証会社については、あらかじめ特定の会社が指定されていて借主が選べないことが多いようですが、借主が選ぶことができる場合、万一の際に確実に保証債務を履行してもらうことになるため、経済的信用性が高くある程度しっかりした会社にお願いしなければなりません。過去には大手の家賃保証会社が倒産したケースもありますので、慎重に決めてもらいましょう。

また、家賃保証会社によっては「保証してもらえる滞納賃料は何か月分まで」「この部分は保証しない」など、保証内容や対象が違ってきます。家賃保証会社を利用する際には必ず各保証会社の保証条件を十分に確認するようにしましょう。

●家賃保証会社にはデメリットもある

家賃保証会社の保証を受けることができれば、入居希望者は別途、連帯保証人等を選任する必要がありません。連帯保証人には、一般に親族等に依頼することが多いようですが、親族等に依頼することに躊躇する人も少なくありません。保証会社に保証を依頼できれば、そのような煩わしさから借主が解放されます。

ただし、保証会社との契約時に、借主は保証料の支払いが必要です。また、保証会社によっては、保証委託料を要求したり、契約更新時に再度保証料がかかる会社もあります。さらに、家賃保証会社は、不動産会社からの紹介で借主が加入しますが、不動産会社が提携している保証会社との間で、保証契約を結ぶことになりますので、借主が保証料が低額な保証会社を選ぶことなどはできません。

■ 家賃保証会社による保証のしくみ

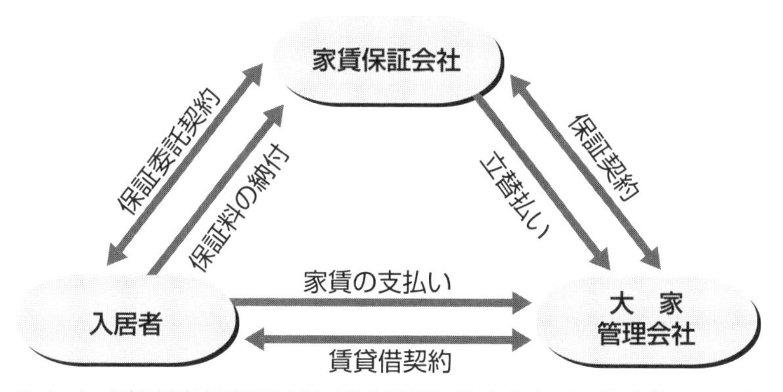

※ オーナー側（大家側）が家賃保証会社に支払う手数料などはなく、オーナー側の負担はないのが通常（オーナー側が支払う手数料があるとしても振込手数料程度）

貸主と保証会社との間で結ぶ保証契約において、債務の極度額を定めなければならないのでしょうか。

根保証契約の成立要件ではありませんが、極度額を定めるのが一般的です。

平成29年の民法改正で、賃貸借契約における借主の債務を保証する根保証契約を締結する際に、極度額（支払限度額）を定めなければ契約が無効となるのは、個人が保証人になる場合（個人根保証）に限られると規定しています（31ページ）。個人が保証人になる場合に極度額の定めがないと、想定をはるかに上回る金額を保証することになる危険性が生じるためです。しかし、保証会社が借主の債務を保証する場合は、賃貸借の素人である個人が保証人になるのとは違い、自己の保証責任の範囲を考慮し、保証契約を締結するか否かを選択する能力があると考えられるため、極度額の定めがなくても根保証契約は有効に成立します。

もっとも、平成29年の民法改正では、保証人が保証会社などの法人である根保証契約について極度額の定めがない場合は、「保証人の債務者に対する求償権に係る債務」を主たる債務とする個人を保証人とする保証契約は無効であると規定しています。

保証会社は、借主（債務者）と保証委託契約を結ぶ際に、求償権について保証人を要求する場合があります。そして、保証人が借主の代わりに貸主に対する債務を支払った場合、求償権を行使でき、借主が求償に応じないときには、保証人に保証責任を追及できます。しかし改正民法の規定により、保証会社と貸主との間の根保証契約の中で、極度額を定めておかなければ、保証会社は、個人である保証人に対して保証責任を追及できないということになります（下図）。そのため、保証会社と貸主との間の保証契約でも極度額を定める必要があります。

極度額を定めるといっても、その定め方にも気を付けなければなりません。借主の債務は未払賃料だけでなく、遅延損害金や原状回復に関する債務、故意・過失による損壊が生じた場合の修繕費用の支払債務など多岐にわたるため、借主の債務の保証が保証人の想定を超える金額に及ぶ危険性があります。これを防ぐために上限を設定するのが極度額です。そこで、極度額の定め方がこの趣旨に反する場合には、極度額が定められていないのと同様であると判断され、保証契約が無効になる場合があります。たとえば、賃料額の数万倍など極度額が元本に比べて異常に高額である場合に、保証契約が無効と判断されるおそれがあります。

貸主の側としては、極度額を高くすれば、借主に対する債権として想定されるほとんどについて、保証人の保証が受けられるという利点が生じます。しかし、保証人の側にとっては、保証責任が青天井になってしまいますので、賃貸借契約における賃料額などを考慮しつつ、適正な価額の範囲内で、極度額を定める必要があります。

■ 保証会社が保証する賃貸借契約と極度額の定め ………………

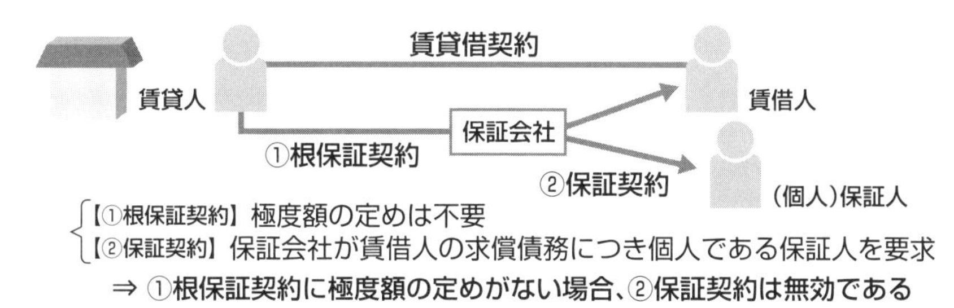

賃貸借契約における個人保証人が破産した場合に、その後も借主の債務を保証してもらうことになるのでしょうか。

個人保証の保証人が破産した場合、元本が確定するため以後の債務は保証されません。

平成29年の民法改正では、賃貸借契約における借主の債務に関して個人根保証契約が締結されている場合、保証人が破産手続開始の決定を受けると、その時点で保証する債務の元本が確定すると規定されています。つまり、保証人が破産手続開始の決定を受けた時点で、根保証契約における元本が確定するため、それ以降に借主が賃料を滞納しても、当該債務に関して、貸主は保証人に対して保証してもらうことはできません。

もっとも、貸主の側にとっても、保証人が破産した場合は、借主に対する債務を確実に回収するという保証の機能が全く期待できないため、その時点で元本を確定させ、保証人の破産手続きの中で、必要に応じてそれ以前に発生している保証債務について、債務関係を整理した方がよいといえます。

なお、同じ元本確定事由である死亡については、個人である保証人だけでなく借主が死亡した場合も、元本確定事由であると規定されているのに対して、破産手続開始の決定については、借主が破産手続開始の決定を受けても、元本は確定しないことに注意が必要です。借主が破産したとしても、賃貸借契約が存続する以上、保証人が借主の債務を保証するという状況に変化はありませんので、貸主は賃料をはじめとする債権の支払いを受けることができます。

賃貸借契約で定めた期間中に賃借人が死亡した場合、その相続人等が負担する債務についても、個人である保証人に保証してもらうことができますか。

賃借人が死亡した後の債務については、個人である保証人に保証を求めることはできません。

賃貸借契約においては、賃借人を主たる債務者とし、特定の債権者である貸主との間で、毎月の賃料の支払いをはじめとする継続的な取引関係を結んでいます。この継続的な取引関係から生じる一定の範囲の不特定の債務を保証するため、貸主と保証人との間で根保証契約を締結することがあります。

平成29年の民法改正では、極度額（支払限度額）を定めて行う個人が保証人となる根保証契約を「個人根保証契約」として認めています。もっとも、個人である保証人が保証する債務の範囲がいつまでも確定しないのであれば、保証人の負担が過大になるおそれがあるため、一定の事由が発生した場合に、保証する債務の元本が確定する事由もあわせて規定しています。その元本確定事由のひとつに「債務者または保証人の死亡」があります。

したがって、本ケースのように借主が死亡した場合、その時点で保証する債務の元本が確定します。そのため、貸主は、借主が死亡する前の債務についてのみ、個人である保証人に対して保証責任を追及することができます。なお、注意が必要なのは、借主の死亡時点で元本が確定しても、賃貸借契約自体は終了しないということです。貸主は、借主の相続人が貸家に住居し続ける場合であっても、当然には退去を求めることができません。

18 Question 賃貸マンション等の事業のため借入が必要になり、個人保証してもらう場合には、どのような手続きが必要になるのでしょうか。

保証人になる者の保証意思を事前に確認する公正証書の作成等が必要です。

一般に個人保証とは、金融機関等から融資を受ける場合に、事業を運営する経営者やその家族、または知人等の個人が融資を保証することをいいます。資力が十分ではない経営者が保証人を立てることによって資金調達が可能になります。

もっとも、個人保証を行った者は、債務者が債務を返済できない場合に、個人の資力を大きく上回る高額な保証債務を負うことになりかねません。そこで、平成29年の民法改正では、保証人の自発的な意思が認められる場合に限り、事業のための貸金等の債務に関する個人保証を認める制度が採用されています。

具体的には、個人保証を行う者の保証意思を確認する手段として、事業のための貸金等債務（融資）に関する保証契約等の締結前１か月以内に、保証人になる個人の意思を「公正証書」を作成して確認する必要があると規定しています。本ケースで、事業のために借入を考えている貸主は、保証人になる個人について、保証契約の締結日より１か月以内に、公正証書を作成しておかなければ、事業のための貸金等債務に関する保証契約等は無効になります。なお、保証協会による保証を受ける際に、保証協会から求償債務の個人保証（38ページ）を求められた場合は、公正証書の作成が必要ですので、事業を営む貸主は注意が必要です。

外国人入居者を入れる際の注意点を教えてください。

暗黙の了解とせず、細部についても契約書に内容を明確に定めておきます。

外国人といっても、国籍や人種、定住しているか、留学などで一時的に滞在しているかなどによって状況も異なりますので、外国人だからという理由ですべての入居希望者を除外するのは乱暴です。ただ、生活習慣の違いや言葉の壁などがあることは事実です。長年日本に定住していて、日本の慣習に慣れている人はまだよいのですが、そうでない人の場合、「敷金」「敷引」といった日本の賃貸借契約の常識が通じなかったり、ゴミ出しのルールや共用部分の使用方法、騒音などをめぐって近所とトラブルになる確率が高いといった問題があります。

このような問題への対策としては、契約の時点で細かく賃貸物件の使用方法などを明確にしておくのが有効です。日本人はとかく「暗黙の了解」を契約の場に持ち込みがちですが、特に欧米などでは契約書の記載内容が契約のすべてであり、記載されていない事に関しては配慮しないという傾向にあります。また、日本の慣習を知らないことから来るトラブルも多いわけですから、日本の習慣を知っておいてもらうことが大切です。

さらに、パスポートや在留カード、ビザなどによって身元確認をしっかりと行う、日本人の連帯保証人をつけてもらう、就労証明書を提示してもらう、といった防衛策も必要でしょう。

急死した夫が開業した診療所を、高校生の息子が医師になるまで友人の医師に貸そうと思っています。このような一時的な賃貸借契約を結ぶことは可能でしょうか。

共同事業としての契約であれば借地借家法の適用はありません。

診療所の賃借には借地借家法が適用されるため、明渡しのときにトラブルが発生する可能性があります。一方、一時使用目的の建物賃貸借の場合は、借地借家法の適用がないため、明渡しも比較的スムーズに受けられます。しかし、本ケースの場合、息子さんが医師になるかどうか不明確なので、客観的には一時使用目的の建物賃貸借とはいえないと考えられます。一時使用目的の建物賃貸借契約かどうかの判断は、単に期間の長短だけを基準にするのではなく、賃貸借の目的や動機なども考慮されるからです。

したがって、契約書に「一時使用のため」という特約条項を定めても、借地借家法の適用を受けることから、息子さんが医師になった際に明け渡してもらえる保証はありません。また、期日が来ても明け渡してもらうべき「正当の事由」がなければ、明渡しを請求することができません。

ご主人のような開業医であれば、診療所の設備や備品、診てきた患者さんがいることが想定されるため、診療所を借りる医師に話をして、自分との共同の事業とするのも１つの方法です。共同事業は賃貸借契約ではなくなるため、借地借家法は適用されません。ただし、患者さんや設備の管理方法などでトラブルにならないように、事前に十分話し合っておくことが必要です。

部屋を貸すときに2年という契約期間を設定したのですが、本当に2年後には借主に退去してもらうことが可能なのでしょうか。

契約書に更新をしない旨を明記しないと自動更新されるおそれがあります。

本ケースの場合、契約期間の満了に際し、借主（賃借人）から家主（賃貸人）に更新の拒絶を申し出ない限り、契約は自動的に更新されます。また、更新の拒絶については「正当な事由」（114ページ）が必要ですので、正当な事由をもって更新の拒絶をしない限り、借主に対し２年後に部屋から退去してもらうことはできません。２年後に退去してもらうには、契約の更新がない定期借家契約（次ページ）を結んで「契約は２年で終了し、更新はしない」などの条項を契約書に必ず入れる必要があります。

借地借家法は、貸主は、建物の賃貸借契約について契約期間の定めがある場合、期間満了の１年前から６か月前までの間に、借主に対して正当な事由のある更新拒絶の通知（更新をしない通知または条件を変更しなければ更新をしない通知）をしなかったときは、同じ条件で契約を更新したとみなすと定めています。これを法定更新といいますが、法定更新後の契約期間は２年ではなく「期間の定めがないもの」に変わりますので、貸主は、いつでも「正当な事由」さえあれば、解約の申入れをすることが可能です。

なお、賃貸借契約書に契約更新時の更新料支払いに関する条項を置いている場合には、法定更新がなされたことを理由に、その分の更新料を支払ってもらうことは可能です。

定期借家契約とはどんな契約なのでしょうか。

契約更新がないなど、様々なルールが法定されている借家契約です。

定期借家契約とは、契約の更新がなく、期間満了によって終了する建物賃貸借契約（借家契約）のことをいいます。具体例としては、「３年」や「５年」の約束で契約をした場合、その期間が経過すれば、契約は終了することになります。

定期借家契約は普通の借家契約とは異なります。つまり、契約を締結する際には、①必ず書面で「期間満了で賃貸借は更新なく終了する」という条項を入れること、②契約書とは別に、定期借家であることを記載した書面を用意し、あらかじめ借家人に交付して内容を説明すること、などの一定の要件が必要になります。

書面を交付しないで定期借家契約を結んでも、その効力は生じませんので注意が必要です（普通の借家契約を結んだことになります）。また、定期借家契約書は、なるべく公正証書（公証人が法律に従って作成する公文書）によって作成するのが無難です。

定期借家契約の対象になる物件は、住宅用の建物に限らず、営業用建物や倉庫などでもかまいません。定期借家契約の期間には制限がなく、当事者間で自由に定めることができます（１年未満の短期でもかまいません）。しかし、特約がない限り、賃料を随時改定することができないため、契約期間を必要以上に長くすることは避けた方がよいでしょう。

賃料を随時改定する特約を定める場合は、たとえば「毎年賃料を○%増額する」というように定めます。また、賃料の改定に制限をもたせる場合には、たとえば「期間中は賃料の減額を請求しない」と定めることができます。つまり、定期借家契約では、借地借家法上の権利である賃料増減請求権を特約で排除することが可能です。必要に応じて検討するとよいでしょう。

期間が満了したときは、定期借家契約は確定的に終了します。終了したときは、借家人は、再契約の締結を要求する権利を有しません（賃貸人は、書面による再契約を結ぶことは可能です）。

なお、契約期間が１年以上である場合、賃貸人は、期間満了の１年前から６か月前までに、定期借家契約が終了する旨を借家人に通知しなければなりません（終了通知）。賃貸人がこれより遅く通知した場合は、通知した日から６か月後に定期借家契約が終了します。契約書の条項において、こうした定めを置いていない場合であっても、賃貸人は借家人に終了通知を行わなければなりません。しかし、トラブルを未然に防止する観点からいえば、契約締結の際に取り交わす定期建物賃貸借契約書の契約条項の中で、こうした定めを入れておく方がよいでしょう。

以上のことをふまえた上で、定期借家契約と通常の借家契約のどちらを選択するのがよいか、慎重に決めるようにしましょう。

■ 終了通知をする時期

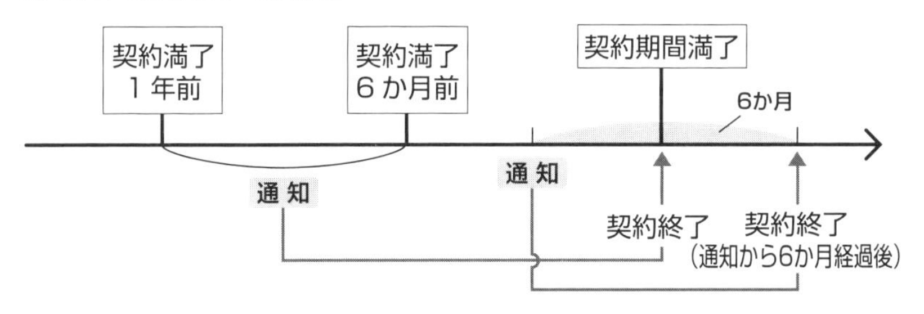

終身建物賃貸借契約とはどのような制度なのでしょうか。

借主が60歳以上の高齢者でも終身にわたって借りることができる制度です。

終身建物賃貸借契約は、高齢者が賃貸住宅に安定的に居住することができるしくみとして、「高齢者の居住の安定確保に関する法律」によって設けられた制度です。入居者の資格は居住するための住宅を必要とする60歳以上の高齢者です。

認可を受けた賃貸住宅は、借地借家法の特例として、高齢者が終身にわたって賃貸住宅を賃借する契約を結ぶことができます。また、賃借人が生存している限り契約は存続し、死亡した時点で契約は終了します。なお、賃借権（借家権）は相続されません。本制度の適用を受ける賃貸事業者は、地方自治体の認可を受けて、終身建物賃貸借事業を実施することができます。認可を受けるには設備面の基準として段差のない床や、トイレ・浴室などへの手すりの設置などが求められます。

終身建物賃貸借契約の入居者のメリットとしては、バリアフリー化された住宅に住むことができ、契約期間は終身にわたるため、安心して暮らすことができる点が挙げられます。賃貸業者のメリットとしては、入居者が死亡した場合に原則として契約が終了するので、賃借権の相続などの手続きが不要になり、相続人への立退料の支払いを回避できるという点があります。また、入居者が長期間住むことになるため、安定した収入が得られます。

重要事項説明書にはどんなことが記載されていなければならないのでしょうか。

仲介業者に説明が義務付けられている重要事項が記載されていなければなりません。

重要事項説明書（35条書面）とは、宅地建物の賃貸借契約を交わす前に、貸主ではなく仲介業者（仲介をする宅建業者）が借主に説明すべき重要事項が記載されている書面です。

仲介業者が説明を渋ったり、借主から重要事項説明書を請求されても「契約後に渡します」と言って引き伸ばすのは宅地建物取引業法に違反し、監督処分や罰則の対象となります。仲介業者が説明すべき主な重要事項には、以下のものがあります。

① 登記記録（登記簿）に記録された事項

抵当権などの権利が設定されているか否か、設定されている場合の影響を説明します。たとえば、抵当権が行使されると、新しい所有者が借主に対して退去を求める可能性があり、6か月の猶予期間終了後に、退去の必要があることなどです。

② 飲用水、電気、ガスなどインフラの整備状況

飲用水などのインフラの整備状況について説明します。整備されている場合でも、借主が何らかの特別な負担金等を支払う必要がある場合には、付け加えておく必要があります。

③ 賃料以外に必要な金銭

賃料以外に必要となる敷金や礼金、更新料などは、賃料以外の重要な契約条件ですので、金銭の内容や金額などを説明します。

④　損害賠償額の予定や違約金の内容

契約に違反したときの損害賠償額の予定、または違約金に関する定めがある場合、金額・内容などを説明します。

⑤　敷金等の精算に関する事項

敷金など貸主が預かる金銭の精算について説明します。特に、退去時の原状回復費用との精算をめぐるトラブルは非常に多くなっていますので、原状回復の取扱いも含めて説明が必要です。

⑥　法令に基づく制限

都市緑地法や、景観法などの法令による制限があれば説明します。東日本大震災以降は、津波防災地域づくりに関する法律による予想される津波による浸水の有無や、災害対策基本法による緊急避難場所などの説明義務が追加されています。

⑦　その他利用制限など

必要に応じて禁止事項があれば説明します。たとえば、ベランダに洗濯物を干せない、ペットが飼えないなどです。また、禁止行為を行うと借主の契約違反になり、場合によっては賃貸借契約を解除することも可能である旨も同時に説明が必要です。

■ 賃貸借契約を結ぶ際に説明が必要な重要事項の主な項目 ……

●建物の賃貸借

- 台所、浴室、便所などの整備状況
- 契約の期間、更新について
- 建物の用途や利用制限
- 敷金や保証金の精算方法
- 管理委託先の氏名、住所
- 定期借家契約である場合にはその旨

●土地の賃貸借

- 契約の期間、更新について
- 建物の用途や利用制限
- 金銭の精算方法
- 管理委託先の氏名、住所
- 契約終了時の建物の取壊しに関する事項
- 定期借地契約である場合にはその旨

物音がせず不審に思い部屋に入ったところ、高齢者の借主が寝たきりで亡くなっていました。今後、説明義務を負うのでしょうか。

死亡後、長期間が経過している場合には、説明義務が生じるものと考えられます。

賃貸住宅の居室において、過去に死亡した人がいるという情報は、物件を探している人にとっては、確かに居住を敬遠してもおかしくはない情報だといえます。しかし、通常の病死の場合には、基本的には、仲介業者が、入居希望者に告知しなければならないという義務を負う事柄ではありません。

しかし、病死の態様によっては、入居希望者が心理的に嫌悪感をもつ場合も考えられますので、その場合には、自殺者がいる場合と同様に、入居希望者に対して病死があったことを告知すべきです。それは、高齢者の借主等が、身寄りもないために居室で病死していて、しかも、死後相当の期間が経過していた場合です。

なぜなら、死亡の事実の発見が遅くなった居室は、一般に腐敗した遺体の影響で異臭が満ちていたり、居室が汚損していることが多いためです。仮に、その後クリーニング業者が清掃を行い、異臭を消し、汚損部分を修繕したとしても、長期間放置された遺体があった居室には、心理的に居住したくないと考えるのが通常であるといえるため、仲介業者は、入居希望者に対して、病死した人がいた事実を告知する義務を負います。

したがって、高齢者の借主が寝たきりで亡くなっていることが発覚した場合、以後、説明義務が発生すると考えられます。

26 Question 以前、入居者が自殺しました。仮に別の部屋や数年前の自殺、部屋以外の場所での自殺だったとしても、説明義務を負うのでしょうか。

場所や期間の経過などにより、心理的嫌悪感が薄まったか否かにより異なります。

ここでは、入居者が自殺した場合に早く新しい賃借人に入居してもらうために、賃貸人が採ることができる手段について検討してみましょう。部屋のリフォームや大幅な改装を行い、次の人が入居しやすくする工夫が必要です。

自殺の痕跡をそのままにして何も知らない賃借人を入居させることは、法的問題を生じさせる可能性があるため、避けなければなりませんが、通常、そのようなことをする賃貸人はいないでしょう。

では、自殺による賃料収入減少の損害は賠償請求してもらえるのでしょうか。そもそも、自殺によって損害が発生したとしても、すでに賃借人は死亡しているのですから、損害賠償義務を負う者はいないだろうとも考えられます。しかし、賃借人の財産を相続した人がいるのに、賃貸人の損害はその財産によって全くてん補されないというのは不公平な感じがします。ですから、その相続人がいれば、一定期間の賃料収入が見込めないことについて、損害賠償請求を交渉する余地はあります。このような損害賠償請求を認めた裁判例もあるようです。

また、新しい入居者に対しては、その部屋で自殺があったという事実を説明する義務があると考えられます。賃貸借契約から当然に導かれる義務ではありませんが、その部屋で自殺があった事実は、重要事項説明書に記載しなければならないとされています。自殺の事実について説明義務がないという立場もありますが、説明義務がないと考えたとしても、賃借人が入居後に自殺の事実を知れば、建物に欠陥（心理的欠陥）があったものとして、契約不適合責任（平成29年の民法改正で瑕疵担保責任の代わりに導入された売主や貸主の責任）を問われる可能性があります。

部屋で自殺があった事実を知られてしまうと、新しい入居者は容易には現れないことが想像できます。しかし、説明義務違反や契約不適合責任が成立すれば、契約を解除された上、損害賠償も請求されかねません。このような不利益を負うくらいであれば、必要な説明は尽くした上で、安い賃料で入居してもらった方が、空室ができることを回避することができるでしょう。

なお、すべての自殺のケースについて、説明義務を負うのではなく、一般的に、自殺が発生した場所・期間の経過年数・当該自殺の社会的認知度などを考慮して、賃借人が居室を借り受ける際に、心理的嫌悪感を抱くか否かにより、説明義務の有無が異なると考えられています。下図が一般的な傾向といえます。

■ 自殺に関する説明義務の有無

自殺の類型	説明義務の有無
住戸内で自殺した場合	原則あり
数年前の自殺	原則あり（2年間程度）
隣戸での自殺	原則あり
近隣住戸での自殺	原則なし
部屋以外の場所での自殺	原則なし

前入居者の使用状況や前科の有無などの個人情報の説明はどこまで必要でしょうか。説明しなかったことで責任を負うことはあるのでしょうか。

一般に、前入居者の使用状況や前科等に関する情報は、説明する必要はありません。

宅建業法では、宅建業者が、入居希望者等に対して、判断に重要な影響を及ぼすおそれがある事柄について、必要な事実を告げないことや、虚偽の事実を伝えることを禁止しています。たとえば、賃貸借契約の目的物である居室で、自殺など通常の亡くなり方をしていない場合には、説明義務が生じます。しかし、前の居住者がどのような人であったのかということは、入居希望者に対して、必ずしも重大な影響を及ぼす事実とはいえませんので、一般に貸主に説明義務はありません。

そのため、たとえば前の入居者が、殺人事件などを起こした犯罪者であっても、その事実について、不動産業者は入居希望者に対して、説明しなければならないという義務を負いません。むしろ、犯罪歴といった不利益情報は、個人のプライバシーに関する事柄ですので、公開してしまうことで、人の名誉・信用を侵害したとして、前の入居者のプライバシー侵害にあたってしまうおそれがあることに注意する必要があります。

もっとも、前入居者の使用状況について、貸主に説明義務が生じる場合もあります。たとえば、長期間に渡り当該居室で性風俗店を経営していた場合には、次の入居者が心理的に嫌悪感を持つことが通常ですので、当該事実は説明しなければなりません。

アスベストや浸水被害や違反建築物であることについて貸主は説明義務を負うのでしょうか。

貸主は重要事項説明書に記載すべき事項について、借主に説明義務を負います。

壁面に吹き付けられたアスベストが露出している建物に勤務するなどして、アスベスト粉じんにばく露して、悪性胸膜中皮腫等に罹患するなど、重大な健康被害をもたらすことが判明しています。そこで、賃貸建物についてアスベストの使用が発覚した場合に、貸主は借主に説明義務を負うのでしょうか。

借主への重要事項説明書の交付は、仲介業者に義務付けているもので、貸主には義務付けられていません（仲介業者が自ら貸主となる場合も交付義務を負いません）。しかし、借主に説明すべき事項が集められた重要事項説明書には、アスベスト（石綿）使用調査結果の記録の有無を記載する欄が設けられています。よって、アスベストの使用が発覚した際は、借主に説明すべきであると考えられます。あわせてアスベスト使用に関する調査を行った場合には、調査内容の詳細を借主に知らせるべきといえます。

さらに、貸主は、借主に対して、賃貸物件を契約目的にふさわしい形で使用・収益させる義務を負い、その修繕義務を負担します。健康被害をもたらすことが判明しているアスベストが飛散している建物の賃貸は、使用・収益義務に違反しているため、貸主としては、早急にアスベストの囲い込み・封鎖・除去などの適切な措置をとらなければなりません。適切な措置をせず、借主に健康被害が発生した場合は、損害賠償責任を負うことがあります。

次に、大規模な自然災害が原因で、建物等に損傷が生じるおそれがあることについて、貸主は、どの範囲まで説明義務を負うのでしょうか。まず、異常気象が激しい昨今で、台風などの暴風雨が原因で、賃貸した建物等が浸水するおそれがあります。異常気象を貸主が予見することは困難だといえますので、実際に発生した浸水等の被害は、貸主にとって不可抗力といえます。ただし、当該建物が津波災害警戒区域に指定されている場合には、それが重要事項説明書に記載欄がありますので、貸主は、あらかじめ借主にその旨を説明しておくべきでしょう。過去に発生した浸水等の被害状況なども、貸主は説明しなければなりません。

また、近年のわが国では、東日本大震災をはじめ、震度６以上の大規模な地震がたびたび発生しており、建物の耐震性基準が見直されています。これに伴い、新しい耐震性基準を満たさない建物（既存不適格建築物または違法建築物）も少なからず存在しています。建物の耐震診断の有無は重要事項説明書に記載欄がありますので、貸主は、それを説明するとともに、耐震診断を受けている場合には、あわせて診断内容を知らせるべきといえます。

●建物が耐震性基準を満たしていない場合に貸主が負う義務

耐震性不足の建築物について、貸主としては、耐震性基準を満たすように、適切な補修や、場合によっては建替え工事等を行うことにより、借主が安全に建物を使用・収益可能な状態を維持しなければなりません。

耐震性基準を満たさない建物の建替えを理由に、借主に対して居室の明渡しを請求できるかどうかについて、貸主が借主に対して建物の明渡しを求めるには、原則として「正当な事由」が必要です。耐震性基準は、借主の安全にとって極めて重要な事実ですので、正当な事由が認められる可能性が高いといえます。

入居前に借主に対する鍵交換負担特約は有効でしょうか。特に鍵を変えずに入居した場合に、その後、盗難被害にあった場合には責任はあるのでしょうか。

鍵交換負担特約は一般に有効です。原則、盗難等の責任を賃貸人は負いません。

居室住宅を目的物とする賃貸借契約では、入居者が変われば玄関ドアなどの鍵を交換して、新しい入居者が安心して住めるようにするのが一般的です。そして、本来的には、鍵交換の費用は貸主が負担するものと思われます。

もっとも、貸主によっては、鍵交換の費用を入居前の入居希望者に負担させる鍵交換費用負担特約を結ぶ場合があります。鍵交換費用負担特約は、借主に費用を負担させるようになっていますので、消費者契約法が禁止する、消費者（入居希望者）にとって不利な内容の契約条項ではないのかという点が問題になります。

鍵交換費用負担特約については、契約締結時に仲介業者が口頭で説明していること、借主が鍵交換費用を負担する旨の特約であると明確に認識していることなどの条件を満たせば、これを結ぶことが許されます。なぜなら、鍵交換費用負担特約により、借主が自らの負担で鍵を交換すれば、前借主の鍵を利用した侵入の防止ができるなど、借主にとっても、防犯に役立つなどの利益になることがあるからです。そのため、借主にとって一方的に不利益な内容の特約ということはできないため、当該特約は消費者契約法違反ではないと判断される場合が多いといえます。

また、賃貸借契約において、借主は借り受けている物件について、勝手に変更等を加えることは許されませんので、貸主に無断でドアなどの鍵を交換することは許されません。これは、退去時に元の鍵に戻せば（原状回復）許されるものではないことに注意が必要です。なぜなら、修繕の場合はもちろん、貸主が緊急時に借主の居室に侵入しなければならない場合があるため、鍵が勝手に変わってしまっていると、緊急時などの場合に、貸主が速やかに居室に侵入することができないという不都合が生ずるからです。したがって、借主が自身の費用で居室の鍵を交換しようとする場合には、必ず貸主に相談の上で行う必要があります。

●貸主が鍵を交換しなかった場合の盗難事件の責任

貸主が鍵を交換しなかったために、居室内で盗難事件が発生して、借主の所有物が盗まれてしまった場合に、貸主が損害賠償責任等を負担するのでしょうか。

貸主の義務はあくまでも、賃貸借契約における目的物を、借主に使用・収益させる義務を負うのみです。したがって、借主の所有物を保護する義務まで負っているわけではありませんので、仮に鍵を交換しなかったことが原因で、居室内で盗難事件が生じたとしても、貸主が借主に発生した損害について、損害賠償責任を負う必要はありません。

もっとも、鍵を交換しなかったことが原因で起こった盗難事件のために、借主に生じた損害について、貸主が損害賠償責任を負う場合があります。それは、盗難事件について、貸主が予測することが可能であった場合です。たとえば、周辺で同様の盗難事件が多発しており、盗難事件が起こる可能性を貸主が認識していたのであれば、鍵を交換しなかったことが原因で盗難事件が起こり、これにより借主に損害が生じた場合には、貸主が損害賠償責任を負うことになります。

敷金・礼金ゼロの初期費用が安い物件で、借主が家賃を滞納した場合に、鍵を交換し、借主を締め出すなどの措置をとることはできますか。

借地借家法の適用があるか否かなどによって、取扱いが異なってきます。

問題のアパートは、敷金・礼金ゼロを強調する、いわゆる「ゼロゼロ物件」と呼ばれます。借主にとっては初期費用がなくても入居できるため、低所得者層にも人気があります。「資金不足で家に住めない人を減らしたい」という心遣いからこのような物件を提供する場合もあるようですが、トラブルが頻出しているのが現状です。本ケースのように勝手に鍵を交換してしまうケースや荷物を撤去する、退去時に高額修繕費を請求するなどの行為を行うと、後にトラブルに発展するケースが後を絶ちません。

通常の借家契約には借地借家法や宅地建物取引業法が適用されるため、借主は物件の詳細説明を受けることが可能であり、契約期間や更新について法律上の保護を受けます。

しかし、ゼロゼロ物件の場合、そもそもの契約を「建物賃貸借契約」ではなく「施設付鍵利用契約書」としておくことで、借地借家法の適用がないしくみにすることが理論上は可能です。しかし、このような契約形態は借地借家法の脱法行為といわれ、そもそもトラブルが起こる原因として、仲介した不動産業者が悪質であるということもあります。借主が、国民生活センターや法テラスなどを通じて弁護士などの専門家に相談した場合には、訴訟などに発展することが避けられませんので、注意が必要です。

入居者をフリーレントで募集する場合、どんなことに注意すればよいでしょうか。

一定期間の居住条件と違約金条項を設けておくことがポイントです。

フリーレントとは、入居当初の数か月分の賃料を0円にする賃貸借契約のことです。近年「敷金・礼金ゼロ」のゼロゼロ物件を見かけますが、初期費用をおさえることで、多くの入居者を呼び込む狙いがあります。フリーレントも、「敷金・礼金ゼロ」と同様に、入居者を集める目的で利用されます。賃貸人の立場からすれば、空き室にしておくくらいであれば、無料で貸しても同じという面もあります。

ただし、フリーレントには短期間で入居者に退去されてしまうと収益が赤字になるというリスクがあります。フリーレント期間の終了後に退去されてしまうと、ほとんど収益が得られない一方で、賃貸人は退去に伴う修繕費等の費用を負担しなければなりません。したがって、フリーレントを利用する場合は、一定期間住み続けることを条件にします。具体的には、契約書に、契約期間中の中途解約を認めない旨の条項を設けておきます。

そして、入居者が居住条件に違反し、契約を中途解約した場合は、違約金を支払う旨の条項（違約金条項）も用意しておきます。違約金の額は、フリーレント期間の賃料相当額以上の金額にします。また、無料にするのは「賃料本体」だけにして、共益費等の実費相当分は入居者に負担してもらうようにします。

定額補修分担金の負担についての特約は有効でしょうか。特約が無効とされる場合はあるのでしょうか。

定額補修分担金に関する特約は、不当に高額である場合などを除き、原則有効です。

建物の賃貸借契約において、借主は、日常生活を送る上で、通常発生する汚損等（通常損耗等）については、退去時に原状回復義務を負いません。しかし、賃貸借契約を締結するときに、退去後の原状回復費用（通常損耗等の補修費用など）に充てるため、一定額をあらかじめ借主が負担する特約を結んでおく場合があります。この借主が負担する一定額を「定額補修分担金」といいます。定額補修分担金は、敷金とは異なり、原則として借主に返還されることが予定されていません。

定額補修分担金の金額が、実際に借主が負担するべき原状回復費用よりも高額に及ぶ場合があります。そこで、定額補修分担金特約が、一方的に消費者にとって不利な内容の特約であるため、消費者契約法に違反して無効ではないかという問題があります。

原則として、原状回復費用が高額になった場合でも、あらかじめ支払った金額から追加の請求が行われない点など、借主の負担が軽減される利益もあるため、消費者の利益のみが一方的に害されたとはいえず、特約は有効であると判断されています。

もっとも、賃料との比較などにより、あまりにも定額補修分担金の設定額が高額に上る場合には、無効になる場合もあることに注意が必要です。

貸した部屋について借主がどんな用法で使用することも許されるのでしょうか。

借主が契約で定めた用法と異なる使用方法を行うことは許されません。

建物の賃貸借の場合、周囲の環境や建物の構造、貸主の意向などによって、使用目的が契約書に明記されます。借主は、契約で定められた使用方法を守る義務を負いますので（用法遵守義務）、契約書に書かれた使用目的とは異なる目的で建物を使用することは、契約違反として許されません。

たとえば、居住を目的に部屋を借りているのに、勝手に店舗や事務所など事業を目的に部屋を使えば契約違反です。貸主は、契約を解除し、明渡しを求めることもあり得ます。また場合によっては、損害賠償を請求することもあるでしょう。

ただ、事前に貸主が承諾すると、借主は使用目的の変更が可能です。その際に貸主は、家賃の値上げや権利金を要求することがあるかもしれません。変更を認めるための条件として、納得できる金額で抑える必要があります。

また、事業目的で建物の賃貸借契約を結んでいる場合には、特別の注意が必要です。事業の形態などによっては借地借家法が適用されないケースもあります。たとえば、居住用の賃貸借契約に比べて、借主が解約の希望を告知すべき期間が、３か月や半年など長めに記載されていることがあります。この期間中は借主が他の場所に移転したくても、貸主は賃料の請求が可能です。

賃貸アパートやマンションの周辺環境をめぐって、どのようなトラブルが発生するおそれがありますか。

隣室同士の騒音の他、日照、景観、振動など、様々なトラブルがあります。

アパートやマンションでは隣室同士の騒音をめぐるトラブルなどが頻繁に発生しています。共同住宅では、ある程度の騒音などはお互いに我慢すべきものですが、その限度（受忍限度）を超えるような騒音なども珍しくありません。

騒音トラブルが発生した場合、まずは賃貸人の側（管理人がいる場合は管理人）が、騒音で迷惑をかけている隣人に注意するようにします。周辺環境の問題をめぐるトラブルとしては、他にも、漏水、汚臭、日照、景観、共用部分の使用など、様々なトラブルがあります。

●日照権が妨害されたら

日照権についての法律上の規制としては、たとえば建築基準法で定められている日影規制があります。日影規制は、隣地に落ちる影の時間を一定の時間内に制限しています。規制の対象となる建物は、都市計画法が定める用途地域により異なります。受忍限度内の日照妨害であれば違法とはなりません。日影規制を守らない建築物によって日照妨害が生じた場合、通常、受忍限度を超えているといえるでしょう。

●騒音や振動はどう規制するのか

工場の騒音は騒音規制法によって規制されています。騒音規制法では、激しい騒音を発生する施設で、政令で定める施設を設置する特定工場などを規制の対象とし、規制基準（敷地の境界線において出される騒音の大きさの許容限度）を定めています。

また、振動は振動規制法で規制されています。都道府県知事が指定した地域内で振動を生じさせる建設工事や工場は、振動についての規制を受けます。たとえば、騒音や振動がマンション建設によるものであるときには、マンションの建築主と話し合うことが必要です。建築主が要求に対応しない場合には、都道府県や市区町村などの振動対策を扱っている部署に相談し、振動の程度を測定してもらいましょう。

●悪臭にはどうやって対応するか

悪臭は、嘔吐や頭痛などの病気の原因や妊婦の流産など、人体に悪影響を及ぼすことがあります。事業用の賃貸の場合、食品が売れなくなるなど営業上の損害も発生することがあります。悪臭が社会生活上がまんすべきとされる受忍限度を超えている場合には、民法上の不法行為が成立し、損害賠償請求ができます。

また、事業活動により発生する悪臭は悪臭防止法で規制されています。排出元が会社などのときは、都道府県や市区町村などの悪臭対策を扱っている部署に相談するとよいでしょう。

■ アパート・マンションの賃貸と近隣トラブル …………………

周辺環境をめぐるトラブル
- 騒音
- 振動
- 悪臭（汚臭）
- 日照
- 景観
- 共用部分の使用　など

台風で割れた窓ガラスを借主が取り換えた場合、費用を貸主が負担しなければならないのでしょうか。

原則として借主が支払った費用について、貸主が負担しなければなりません。

不動産を貸す際に、貸主は、借主の使用や収益の目的にかなった状態で、その不動産を維持・管理する責任があります。この維持・管理にかかる費用を必要費といいます。貸主が維持・管理のために行う「修繕」は、不動産が破損や滅失、摩耗といった状態に陥った場合に、原状回復や現状維持を目的として行われるものですから、これも必要費のひとつにあたります。必要費は、貸主が負担すべき費用ですので、貸主が負担するのが原則です。

なお、貸主が速やかに必要な修繕をしない場合には、トラブルに発展することもあり得ますので注意が必要です。

たとえば、「雨漏りがひどいので、台風シーズン前に屋根を修繕してほしい」「シロアリ被害で建物が傾いてきているので、早急に駆除と補強工事をしてほしい」と借主が訴えていたケースのように、修繕すべき緊急性が高い場合があります。この状況で貸主がすぐに修理をしなければ、借主は費用を立て替えてでも修理業者に工事を発注することになるでしょう。借主が建物の維持・管理に必要な修繕を行った場合、立て替えた費用については、後に貸主が償還請求を受けることになります。

たとえば、賃貸アパートやマンションで、台風で窓ガラスが割れてしまった場合、直ちに修理をしなければ、借主の生活に支障をきたすものと思われますので、貸主は早急な修理に応じなければなりません。この場合、貸主が修理費用を支払って修理するのが原則ですが、借主が費用を立て替えて割れた窓ガラスを取り換えたときは、その後に貸主が借主に対して費用負担分を支払わなければなりません。

●必要費と認められる範囲

修繕や補強をしたり、設備の増設をする場合、その内容は様々です。たとえば修繕ひとつをとってみても、高級な材料を使って修繕するのと、近所のホームセンターで販売している材料を買ってきて、借主自身が修繕を行うのとでは、費用の面でもでき上がりの面でもかなりの差が出てくるでしょう。貸主が自ら修繕や補修をするのであればよいのですが、借主が費用を立て替える場合には、必要以上の修繕をする可能性があります。その場合には、必要以上の費用を償還する必要はありません。

必要費と認められるのは、その費用をかけなければ借主が使用や収益の目的を果たせないような、ある程度緊急性の高いものです。それ以上の部分については、有益費という別の費用として扱われることになります（次ページ）。

■ 必要費の償還請求

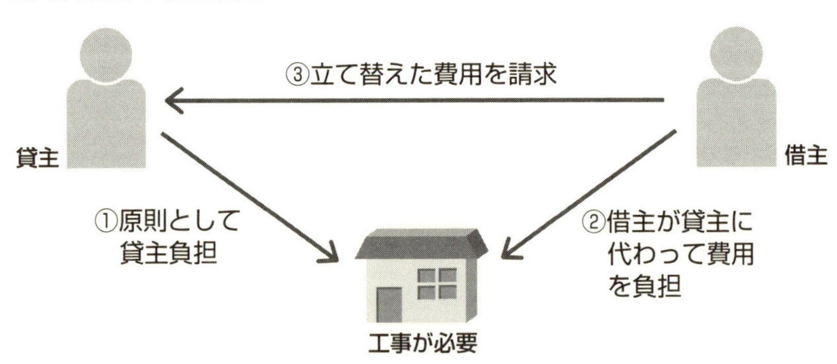

借主が壁紙を新しいものに取り換えたのですが、費用を請求されることがあるのでしょうか。

壁紙の交換費用は、有益費にあたるので、原則として貸主が費用の請求を受けます。

借主が古い壁紙を新しいものに交換すると、費用がかかります。このように、賃貸アパートやマンションの改良のために借主が支出した費用のことを有益費といいます。なお「改良」とは、これまでの状態をよくして価値を高めることです。有益費は、貸主が借主から請求を受ける費用にあたります。古い壁紙を新しくすれば、建物の状態がよくなり、その結果、建物そのものの価値が増します。その点で有益費は、必要費とは違います。つまり、必要費とは、たとえばトイレの修理のように、その目的物を維持したり利用するのに最低限の機能を確保させるために費やされる費用のことを意味するのに対し、有益費とは、目的物の価値を増すためにかかった費用ということになります。

請求される有益費の金額について、たとえば、借主が５万円を費やして壁紙を取り替えたが、数年が経過して借主が建物から出て行くときには１万円の価値しかなくなっていたとします。この場合には、貸主は５万円ではなく１万円を支払えば足りるとされています。反対に、５万円の有益費を支出したことで、建物の価値が10万円に高まる場合もあるでしょう。しかし、この場合は、借主が実際に支出した５万円を支払えばよいとされています（有益費償還請求権が特約で排除されている可能性はあります）。

Question 37 観測史上最強の台風が襲い、賃貸マンションのブロック塀が落下して通行人がケガをしました。部屋の借主に責任を負わせることができるのでしょうか。

ブロック塀の落下について過失が認められれば、借主も責任を負担します。

賃貸マンションのブロック塀が崩落したために、通行人がケガをしたというような場合、土地の工作物責任が問題になります。

土地の工作物責任について、民法は、土地の工作物の設置または保存に欠陥があったために、他人に損害が生じたときは、その工作物の占有者または所有者が賠償責任を負うと規定しています。

この場合、占有者は工作物を事実上支配する者をいいます。占有者は、「損害の発生を防止するのに必要な注意をしたとき」は損害賠償義務を免れると規定しています。つまり、損害発生について過失がなければ、借主が損害賠償義務を負うことはありません。賃貸借契約に基づき、賃貸マンションを使用している借主は、占有者にあたります。そして、ブロック塀が落下した原因は、観測史上最強の台風ですので、通行人がケガをしたことについて、借主に過失があるとはいえません。したがって、借主に責任負担を求めることはできません。

なお、占有者が責任を負わない場合、所有者（貸主）が責任を負うことになります。所有者は過失がない場合でも、責任を負わなければなりません。しかし、観測史上最強の台風が原因のブロック塀の落下は、工作物の設置や保存に欠陥があるとはいえないため、貸主も責任を免れるものと考えられます。

マンションの一室が暴力団や半グレの事務所に使われているようなのですが、どうすればよいのでしょうか。

貸主は、立退請求や明渡請求を行うことによる対策が可能です。

まず、直接の借主が暴力団等の関係者である場合には、問題の暴力団が、都道府県公安委員会で指定されている「指定暴力団」であるか否かによって対応が異なります。指定暴力団である場合には、暴力団対策法を根拠として、危険防止のために必要な措置をとることが可能です。土地建物を占拠するなど、指定暴力団に禁止されている行為を借主である指定暴力団が行っている場合には、都道府県公安委員会から「中止命令」や「再発防止命令」を出してもらうことが可能です。その場合には、信頼関係が破壊されたことになるので、賃貸借契約を解除後、立退きを要求することができます。

なお、平成29年の民法改正では、契約の当事者は、原則として契約の内容を自由に決定できる旨を明らかにしています（契約自由の原則）。そのため、賃貸借契約に「当事者が反社会勢力（暴力団等の関係者）である場合には、直ちに契約を解除することができる」という条項を入れておくことも可能です。これは暴力団排除条項と呼ばれています。賃貸借契約に暴力団排除条項が設けられている場合には、借主が指定暴力団でなくても、貸主は、この条項を根拠として、関係者の退去等を求めることが可能です。貸主としては、まずこれらの対策を検討してみましょう。

ペット禁止のマンション内で借主の1人が最近犬を飼い始めました。体毛や糞尿等のトラブルが発生しています。どのような対応方法が考えられるでしょうか。

家主や管理人は、被害内容を詳しい説明を聞き、注意をすることが効果的です。

本ケースの場合、まずは具体的な被害の内容をペットを飼いはじめた借主に詳しく説明して、理解してもらう必要があります。

近頃はささいな隣人同士の争いが惨劇の原因になることもあるため、よく知らない隣人の場合はトラブルのもとになります。家主や管理人の側から、迷惑行為を行う借主に対して注意しましょう。ましてやマンションの賃貸借契約書では、ペットの飼育を禁止していることが多いといえます。

集合住宅で一般的にペットが禁止される理由は、鳴き声やにおいなどで周囲の住民に迷惑がかかるためです。生活環境を守ることは家主にとって重要な義務であるため、ペット禁止のルールを借主に守らせる管理責任があります。

家主や管理人の注意が聞き入れられない場合は、契約違反として隣人の借家契約を解除するという方法が考えられます。

なお、家主がペット禁止条項の逸脱行為を放置することは債務不履行にもなります。ただし、部屋の小さな水槽で飼育している金魚など、周囲の住民の生活環境にほぼ影響を与えないようなものまで禁止することはできないため注意が必要です。

家主である自分の配偶者が「ペットとの同居が可能です」と言って借主を入居させたところ、後に家主として「ペットは不可です」と主張することは可能なのでしょうか。

借主から契約を解約され、損害賠償金の支払を命じられるおそれがあります。

家主の配偶者の言葉が賃貸借契約の中身になっていることが証明されるか否かがポイントです。つまり、借主がペットの同居が認められていることを客観的に証明できるか否かが問題です。たとえば、賃貸借契約書にペットが同居できると規定しているのであれば、当然、明確に貸主はペットの同居を許可していると判断されます。また、不動産の広告に「ペット同居可」という記載がされていれば、ペットを許可している証拠になります。その場に居合わせた人の証言が証拠になることもあるでしょう。

賃貸借契約の内容にペットの同居が含まれていることが明らかになった場合、借主は解約の交渉に入ることが可能です。つまり、ペットが同居できることを内容とする賃貸借契約を結んだにもかかわらず、それが不可能だったということで、貸主側の契約違反とされるわけです。本ケースの場合、貸主の契約違反を理由として賃貸借契約自体が解約されるおそれがあります。もし借主が解約した際は、引越し費用や新居が決まるまでペットを預ける費用などについて、貸主が損害賠償金として負担しなければならないこともあり得ます。一方、解約をせずにマンションでペットが同居できるように交渉してくる場合も考えられますので、借主が交渉を求めてきた場合、対応を考える必要があります。

賃貸借契約書に記載がないペットの飼育等について、借主が許可を求めるしくみや飼育方法について指示することは可能でしょうか。

ペット飼育の禁止規定を置いていない場合、原則として飼育を許可しなければなりません。

借家の使用方法については、入居時に結ぶ賃貸借契約で細かく定めるのが一般的です。借主は、賃貸借契約の定めに従って、借家を使用する義務があります。

部屋の使用方法をめぐるトラブルには、借主が契約で定められた使用方法を守らない場合、借主が修繕や補修を家主に無断でした場合、貸主が部屋の修理を拒否した場合などがあります。

たとえば、ペットの飼育を禁止している場合は、ペットを飼うことは借主の使用方法違反にあたります。賃貸借契約を結ぶ時に交わす契約書に「部屋でのペットの飼育を禁止する」などの条項を置いていれば、当然に部屋でのペットの飼育は禁止され、現に飼っている場合は中止する必要があります。借主が中止をしない場合は、貸主が賃貸借契約を解除することも可能です。

一方、賃貸借契約の中にペットの飼育の禁止規定を置いていない場合は、原則として借主によるペットの飼育を許さなければなりません。ただ、借主は全くの自由に飼育を行うことができるわけではなく、ペットが部屋を汚さないように注意しなければなりません。ペットの飼育に基づき部屋が汚され、貸主に損害が発生した場合、貸主は、借主に損害賠償を請求するだけでなく、賃貸借契約を解除することが許されるケースもあります。

借主がペット禁止の契約に違反して長年にわたり犬を飼い、糞尿で貸家が汚されていました。損害賠償はいつまでにしなければなりませんか。

貸家の返還後１年以内に損害賠償請求を行う必要があります。

本ケースのように、借主が用法を守らず貸家が汚される等の損害が発生する場合があります。貸主は借主に対して損害賠償請求を行うことになりますが、消滅時効に注意しなければなりません。

民法は、借主の用法違反等のような「契約の本旨に反する」目的物（貸家）の使用等により生じた損害の賠償等に関して、貸主が目的物の返還を受けたときから「１年以内」に請求しなければならないと規定しています。つまり、貸主が目的物の返還を受けた時から１年を経過するまでの間は、時効は完成しないことになります。一般の債権に関する消滅時効は「権利を行使できるのを知った時から５年間（または権利を行使できる時から10年間）」と規定されているところ、比較的長期間の契約期間が定められている賃貸借契約では、貸主が目的物の返還を受けた時点で５年（10年）が経過している場合があることを考慮しています。

本ケースで、貸主は、貸家が返還された時から１年以内に、借主に対して、貸家が糞尿により汚されたことに基づく損害賠償請求を行うことになります。なお、借主が貸家を汚した行為を不法行為として、損害賠償請求を行う手段もあり、この場合は時効期間が最長20年です。しかし、貸主が借主の故意または過失を証明しなければならないため、貸主の負担が大きいといえます。

貸家の一部が壊れ修繕が必要になった場合に、賃貸人は常に修繕義務を負わなければならないのでしょうか。

賃借人の落ち度により修繕が必要になった場合、修繕義務を負いません。

たとえば貸家の屋根が壊れ雨漏りがひどい状態である場合について、屋根の雨漏りは貸家の使用・収益に必要な修繕にあたるといえますので、賃貸人が修繕義務を負います。もっとも、平成29年の民法改正では、賃借人の落ち度（帰責事由）により修繕が必要となったときは、賃貸人は修繕義務を負わないという規定を新設しています。したがって、本ケースで建物の屋根を自分で壊した賃借人は、賃貸人に屋根の修繕を求めることはできません。

その一方で、平成29年の民法改正では、賃借人が賃貸人に修繕が必要であると通知した場合、または修繕が必要であることを賃貸人が知っていた場合において、賃貸人が相当の期間内に必要な修繕を行わないときに、賃借人自身が修繕を行うことができるという規定も新設しています。なお、賃貸人に通知する余裕がないほどに「急迫の事情がある」場合は、通知をせずに賃借人が修繕することが可能です。

また、賃借人の修繕により貸家の価値が上がった場合は、有益費として賃貸人が賃借人に費用を支払います。もっとも、有益費の返還は、賃貸借契約の終了時も価値が残っているときに、①賃借人が支出した金額（工事代など）、②物件の価値が増加した価格（価値増加分）のいずれかを賃貸人が選択して返還します。

和室の畳やふすま、障子の取り替えも修繕義務に含まれるのでしょうか。

日常生活に支障をきたす程度に損傷している場合には、修繕義務に含まれます。

民法における賃貸物の修繕に関する規定では「賃貸人は賃貸物の使用及び収益に必要な修繕をする義務を負う」とされており、借家の多くの破損等の修繕費は貸主（賃貸人）である大家が負担するものと解釈されています。

貸主の修繕義務に含まれるかどうかの判断は、基本的には、修繕を行わなければ、借主が借り受けている物件を日常生活において使用・収益をするのにあたり、支障があるかどうかによって決まります。

したがって、原則として畳・ふすま・障子に関しては、たとえば、変色をしたことを理由に、借主が貸主に対して修繕を求めたとしても、日常生活に支障をきたすことは通常考えられませんので、貸主に修繕義務はありません。それを理由に取り替えなどを行う場合には、借主自らが費用を負担して、必要な取り替え・張り替えなどを行うことになります。

もっとも、長期間、通常の日常生活の中で使用し続けた結果、畳・ふすま・障子が用途として使い物にならない程度に損傷した場合には、貸主に修繕義務が生じる場合もあり得ます。ただし、畳・ふすま・障子の張り替えなどの小規模な修繕は、借主が費用を負担するという内容の特約を結んでおくことが可能です。

「蛍光灯などの照明やエアコンの修理は借主の費用で行う」という特約は有効でしょうか。

借主に多大な負担がかかるわけでもないので特約は有効です。

契約時の特約で「入居中の大小修繕は賃借人（借主）が行う」と規定している場合など、費用負担をめぐって争いになるケースがあります。対策として、たとえば東京都では「東京における住宅の賃貸借にかかる紛争の防止に関する条例」で対応を定めています。「東京ルール」とも呼ばれるこの条例では、入居中の費用負担の一般原則として、借主の故意・過失や通常の使用方法に反する使用など借主の責任による修繕は借主が負担し、それ以外の必要な修繕は貸主が負担するとしています。平成29年の民法改正でも、貸主が修繕義務を負うのを原則とし、借主に落ち度（帰責事由）がある場合は借主が修繕義務を負うと規定しています。

この条例は宅建業者（不動産業者）に契約内容の説明を義務付けるもので、その内容は国土交通省が発行した「原状回復をめぐるトラブルとガイドライン」を考慮して作成されており、判断基準の一つとして参考になります。貸主としては、修繕の多くは貸主の負担と認識し、一部借主の負担を特約などで取り決める場合は契約時に入念に説明して合意を得るなどの対策が必要です。

●蛍光灯の交換やエアコンの故障の取扱い

一般的な基準として、貸主である大家は、賃貸借契約において、目的物である居室について、借主が使用・収益できる状態を維持しなければなりません（使用・収益義務）。したがって、修繕義務についても、基本的には、居室を使用・収益する上で支障があるか否かによって、修繕義務の有無が決せられることになります。

まず、蛍光灯の照明等の交換についてですが、これは使用・収益に影響がでるほどの重大な修繕だとはいえません。そのため、一般的に、賃貸借契約において、蛍光灯の照明等の交換に関しては借主が費用を負担するという内容の特約を結んでいる場合が多く、借主に多大な負担がかかるわけでもないので、この特約は有効であると考えられています。

一方、入居時から設置されていた付設のエアコン等の故障に関しては、貸主である大家が修繕義務を負うと考えられます。

具体的な金額により、修繕義務の有無が異なるというわけではありませんが、蛍光灯の照明等の交換にかかる費用は、多くても数千円程度です。しかし、付設のエアコン等の修理費用は、一般に数万円から場合によっては数十万円の費用が必要になる場合があります。このような高額な費用について、仮に特約で借主が費用を負担すると取り決めていたとしても、この特約は借主に過度な負担を与えるため、特約の効力は否定されます。よって、貸主である大家が費用を負担して修繕を行わなければなりません。

■ 修繕義務と費用負担の割当

貸主 ➡ **賃貸借契約の目的物を使用・収益させる義務を負う**

☆使用・収益に影響がある故障等について、修繕義務を負う

軽微な修繕に関する費用 ……… 借主負担とすることも可能
大規模な修繕に関する費用 …… 貸主が負担する

借主の部屋の使い方がひどくて備品が破損したと思われるような場合でも修繕費用は家主負担になるのでしょうか。

借主の故意や過失により備品等が破損した場合、修繕費用は借主負担になります。

借主は、賃料を支払うことで目的物を使用できますが、目的物の使用にあたっては、契約またはその目的物の性質により定まる適切な用法に従って使用しなければなりません（用法遵守義務）。

貸主には目的物の修繕義務があります。しかし、賃料を支払っているからといって、借主が好きなように居室を扱ってよいわけではありません。そのため、通常の使用方法であれば生じないような居室の損傷等については、その修繕費用を貸主が負担すべきことにはなりません。むしろ、借主が居室を乱暴に扱うのは、用法遵守義務に違反する行為といえますので、借主の債務不履行にあたります。用法遵守義務違反によって貸主が被った損害については、貸主が借主に対して損害賠償を求めることができます。したがって、借主が乱暴に扱った結果、居室の備品が破損等した場合には、借主が費用を負担して修繕しなければなりません。平成29年の民法改正でも、借主の落ち度による損傷等は借主が修繕すべき旨が定められています。

また、貸主が修繕義務を負う場合であっても、修繕が必要な箇所等を発見した場合には、借主は貸主に修繕が必要である旨を通知する義務を負います。早期の通知を怠り、損傷等が拡大した場合にも、修繕費用は借主負担になると考えられます。

建物の修理期間、借主にホテルなどに一時的に住んでもらう場合、費用負担はどうなるのでしょうか。

費用負担の必要はありませんが、借主から修理期間中の賃料減額請求を受けるおそれがあります。

賃貸借契約の貸主は、借主が居室等を快適に使用することができるように、良好な住環境を提供する義務を負います。そのため、居室等の建物の修繕が必要になった場合には、貸主は速やかに修繕を行う義務を負います。その一方で、貸主が建物の保存に必要な修繕を行おうとするのに対し、借主がその修繕を拒むことはできません。たとえば、修繕工事が大規模な工事になる場合には、居室からの一時的な退去を借主に求めざるを得ない場合があります。このとき、借主は貸主の請求を退けることができません。

修繕が特に大規模な範囲に及ぶ場合には、借主は居室を使用することができず、ホテルなどの仮住まいを探すことになります。仮住まいが必要になったのは、貸主が行った修繕工事などが原因ですので、仮住まいに必要な費用などを貸主が負担しなければならないのでしょうか。

仮住まいといっても千差万別ですが、仮住まいの家賃等の全額請求については、通常認められない可能性が高いでしょう。しかし、仮住まいをしている際には、借主は、本来の契約上の目的物である居室を使用することができないため、貸主は、仮住まいを行っていた期間に応じて、賃料の減額請求を認める必要があります。

「使用状況が変わる場合には承諾料を支払ってもらう」として、借主に承諾料の支払いを求めることが許される場合があるのでしょうか。

借主が部屋の増改築や部屋の譲渡・転貸をしようとする場合、承諾料の支払いを求めることができる場合があります。

承諾料とは、ある条件を飲む代わりに支払ってもらうお金のことです。承諾料は、契約において貸主が禁止していたことを、金銭の支払いを条件として、認めるというような広い概念ですが、どのような場面で発生するかによって、ある程度、種類を分けて考えることができます。承諾を要する場面としては、貸しているアパートやマンションの部屋の増改築、部屋の譲渡や転貸などの場合が考えられます。

マンションの部屋を賃貸するときは、賃貸借契約を結びますが、多くの場合は増改築を禁止する条項を置きます。仮に、このような条項がなかったとしても、借主が勝手に増改築をすることは契約違反だといえます。

たとえば、貸主が、購入したマンションの部屋を他人に貸している場合には、貸主の知らない間に室内の壁が勝手にピンク色に変更されたり、和室だったのが洋室になっていたということがあっては困ります。したがって、マンションの建物賃貸借契約では、承諾料を払う、払わないという次元ではなく、増改築を全面的に禁止するのが通常といえます。

また、譲渡（賃借権の譲渡）や転貸の問題もあります。譲渡とは、借主が賃借権を他人に譲り渡すことをいいます。転貸とは、借主が借りている物をまた貸しすることをいいます。貸主は借主の人柄や経済状況を信頼して貸しているのであり、借主がいつの間にか変わってしまっていては困るので、貸主の承諾のない譲渡や転貸は禁止されています。ただ、承諾料の支払いを受けることで、転貸や譲渡を認めるというしくみを採用することは可能です。この場合の譲渡の承諾料のことを名義書換料ということもあります。

使用状況の変化に伴うものとしては、借主が自宅用として借りていたにもかかわらず、事務所の看板を出す、あるいは一部を店舗として使用するといったケースが考えられます。もっとも、法律上問題になるような使用はできませんが、法律の範囲内であれば、使用方法の変更として、貸主側としては許可することも可能といえます。

承諾料の相場について、借家の場合には借地のような規定がないため、相場というものが考えにくく、当事者の話し合いによることになります。比較的広く貸主の意向が反映されるといえます。

■ 貸主（賃貸人）が承諾を検討する主なケース

建物の増改築
年月の経過や賃借人の家族構成の変化による増改築の必要性

譲渡・転貸
居住者の変更を受け入れるかどうか

使用状況の変化
業務用物件としての利用や営業方法の変更を承諾するかどうか

環境の変化
他人の通行を認めるかどうか※など

※「他人の通行を認めるかどうか」とは、自分の住んでいる場所から公道に出るためにやむを得ず他人の土地を通らなければならない場合、承諾料を支払って通らせてもらうというようなケースのこと。

貸家の真上の階からの水漏れが原因で、借主の部屋が水浸しになった場合、家具等について貸主は賠償責任を負うのでしょうか。

受忍限度を超えた損害にあたり、加害者とされる上階の住人の他、貸主が賠償義務を負う場合があります。

アパートやマンションなどの場合、隣人との関係で受忍すべき限度の範囲内であれば、ある程度の生活騒音などの発生は仕方がないといえます。通常生活する場合には、ある程度の音などは発生が予想されるためです。しかし、本ケースの場合は、明らかに受忍限度を超えた損害にあたります。この場合、借主が受けた被害、たとえば衣服のクリーニング代や、使用不能になったものなどの賠償を、上階の住人に対して請求することが可能です。

なお、マンションに住んでいる場合、家財などの損害保険に加入しているケースが多くあります。上階の住人もしくは被害者である借主が損害保険に加入しており、その保険会社から水漏れについての保険金が支払われる場合であれば、原則として上階の住人は免責されることになります。ただ、支払われた保険金で補てんしきれなかった損害があれば、その部分について上階の住人に賠償請求をすることができます。

一方、上階の住人が普通に水道を使用しているのに、マンション自体の構造上の欠陥により水漏れをしたという場合は、上階の住人には何ら責任が生じません。この場合は、貸主が被害者である借主に対して損害賠償義務を負うことになります。

入居者の不注意でボヤが発生し、部屋の設備が破損しました。入居者にどのような責任を問えるのでしょうか。

入居者が負う責任は、不注意の程度により異なります。

本来、不注意で他人の財産等に損害を与えた場合、不法行為責任を負います。しかし、失火については失火責任法が適用され、不法行為責任を負う場合が制限されています。具体的には、失火について、故意（わざとやった）または重過失（大きな不注意）がない限り、入居者は不法行為責任を負いません。したがって、入居者の寝タバコが原因でボヤが起こった場合、賃貸人は、入居者に重過失があると認定されない限り、不法行為責任を追及できません。

ただし、入居者は、賃貸物を破損しないよう適切に使用・収益する義務（善管注意義務）を負っています。ボヤによって部屋の設備を壊し、賃貸物件の財産的価値を減少させると、この善管注意義務違反（債務不履行）になるわけです。したがって、賃貸人は、入居者に対して、債務不履行を理由とする損倍賠償を請求できます。また、入居者との契約を解除して、退去を求めることも可能です。

火事によるリスクに備えるためには、入居者の失火やガス事故などを補償する借家人賠償責任保険に加入するとよいでしょう。万が一の場合に備えて、賃貸人は火災保険に加入していますが、入居者にも借家人賠償責任保険に加入してもらえれば安心です。そこで賃貸借契約書の中に、入居者に対して借家人賠償責任保険への加入を義務付ける特約を入れましょう。

居住するマンションの1階の壁に、借主が、壁が汚れて不潔な感じがして不愉快に思うようなペンキの落書きがあります。貸主はどのような措置をとる必要があるのでしょうか。

落書きを除去するとともに、張り紙や通報などの防止策を講じる必要があります。

ペンキで壁に落書きするのは「建造物損壊罪」（刑法260条）に該当するため、落書きの再発を防ぐ方法としては、警察に届け出るのが効果的です。まずは、壁に「落書きは警察に通報します」などの貼り紙を掲示し、取締りを開始したことを犯人に知らしめます。落書きが再発する場合は、警察に依頼して周辺地域を定期的に見回ってもらいます。これは家主の義務というよりは、借主同士の取組みとしても求められる措置ということができます。

なお、借主など住人同士の自主的な取り組みとして、時間を分担するなどして、監視を行うことも考えられます。昨今は、落書きなどの軽犯罪に対する取締りが厳しくなっていることから、警察にお願いして犯行を目撃した際の対応策を事前に教わる方法も有効です。犯人を発見した場合、現行犯であれば私人が逮捕をする行為が許されますが、危険が伴う場合にはカメラで証拠写真を撮り、警察に捜査を依頼するとよいでしょう。家主も被害者であることから、防犯カメラなど防犯設備の設置を依頼する方法があります。なお、壁の落書きを消すことは建物の修繕にあたるため、家主には落書きを消す責任があります。ペンキで落書きされたままの状態は、一般的な美的感覚からすれば非常に不愉快であるため、家主は消去作業を行わなければなりません。

所有するマンションの隣に高層マンションが建ったために、借主の居住の景観が損なわれ、見晴らしや陽当たりが悪くなりました。貸主として何らかの対抗手段をとる必要があるのでしょうか。

貸主または借主が高層マンションの建築主に賠償請求等を行うことになります。

賃貸住宅における日照権や景観については、貸主が所有者として権利主張を行うことが可能です。また、借家権は居住により第三者にも主張できる権利となるため、借主も隣の高層マンションの建築主に対し損害賠償請求などの権利主張が認められます。

マンションを建設する場合は、建築基準法の規定に従う必要があり、日影の時間についても、マンションの隣地に一定時間以上の日照が確保されるよう配慮しなければなりません。日影規制の基準は、各自治体が気候、風土、土地利用の状況などを考慮した上で、適切な基準を設定して条例で定めることになっています。したがって、マンション建設時に建築主が日照妨害を予見していたことが証明されれば、建築主は、日照妨害を受ける貸主や、直接の被害者ともいえる借主に対して、損害賠償責任を負います。

また、景観などを楽しむ眺望権に関する法律はなく、眺望を権利として主張することは困難です。ただ、①眺める価値のある景観がある、②良い眺め自体がその場所の価値を決定づけている、③良い眺めの保持が周辺土地利用と調和を保っている、④良い眺めを楽しむ者がその場所の所有権や賃借権を持っている、などの要件を満たす場合に、眺望の妨害者への損害賠償を認めた判例があります。

第三者が貸家を不法に占拠し賃借人が使用妨害を受けている場合、賃借人自身が第三者に妨害の停止等を求めることは許されるのでしょうか。

賃貸人の他、賃借人も不法占拠者の排除を請求することが可能です。

貸家について、全くの第三者が不法に占拠している場合、賃貸人が賃借人に対し目的物を使用収益させる義務を負っているため、まずは使用を妨げる不法占拠者の排除について、賃借人の求めに応じて、賃貸人が所有権に基づき妨害排除等（建物からの立退き等）の請求を行うことになります。賃借人が賃貸借契約を結んでいるのは賃貸人との間であって、契約外の第三者に対して、当然には妨害排除等を請求することは困難であるからです。

しかし、実際に貸家を利用している賃借人にとっては、生活の基盤ともいえる住居が侵害されているにもかかわらず、賃貸人を間接的に挟まなければ、妨害排除等を請求できないとなると煩雑だといえます。改正前の民法では、判例によって、賃借権の登記を行っている賃借人（対抗力を持つ賃借人）は、不動産賃借権に基づく妨害排除請求を行うことが認められていました。

これを受けて、平成29年の民法改正では、登記等の対抗要件を備えた不動産賃借権に基づいて、賃借人が不法占拠者等に対して妨害排除請求や返還請求ができることを明文化しています。そして、貸家の賃借人は、建物への居住により対抗要件を備えていますので、直接第三者に立退き等を求めることができます。

第2章

家賃の支払・更新・解約・変更・敷金をめぐるトラブル

借主が家賃を１か月滞納したために「契約書通り、家賃に対する年利12％相当額の遅延損害金を払うように」と借主に請求することは可能でしょうか。

原則として、特約に従って遅延損害金を請求することができます。

契約書に記載しておけば、借主が家賃の滞納時には遅延損害金を請求することができます。遅延損害金とは金銭の支払いが遅れたときに課せられるペナルティ料（延滞金）のことです。遅延損害金について特約条項を設けておくことで、民法が定める法定利率の規定の適用を免れることができます。契約書に「家賃を滞納したときは、滞納した家賃の年○％相当額の遅延損害金を支払う義務を負う」という特約条項を置けば、特約に従って遅延損害金の請求を行うことが可能です。

ただし、あまり高い利率や金額の遅延損害金を定めた特約は無効です。たとえば、年利14.6％を超える遅延損害金は、消費者契約法が適用される場合に無効となります。本ケースの場合、遅延損害金は家賃の年利12％相当額であり、消費者契約法上の年利14.6％以下です。よって、契約書の特約は有効で、貸主側からの請求通りの金額を遅延損害金として、借主に支払請求ができます。

部屋の賃貸は継続的な関係であるため、貸主と借主との間には信頼関係が必要です。家賃を滞納することは重大な義務違反であり、貸主との信頼関係を破壊することにあたります。借主は、やむを得ない事情で家賃を支払えないのであれば、その事情を貸主に説明するべきといえます。

借主が家賃を滞納した場合に、遅延損害金の利率についてはどのようなルールがあるのでしょうか。

当事者間の特約がない場合には、法定利率が適用されることになります。

借主が家賃を滞納した場合、貸主は遅延損害金の支払いを求めることができます。そして遅延損害金に関して、当事者間が契約で定めていなければ、民法が定める法定利率が適用されます。法定利率とは、本来的には利息が発生する債権について、当事者が利率を定めずに契約した場合に適用される利率のことです。そして、借主が家賃の支払いを滞納した場合に支払われる遅延損害金もまた、本来支払われる家賃に加えて、滞納期間に応じて支払われる金銭ですので、法定利率に関する規定が適用されるのです。

平成29年の民法改正では法定利率を年３％と定め、３年ごとに１％刻みで見直す変動制を採用しています。もっとも、法定利率が変動するといっても、家賃支払請求権に対する遅延損害金は、基準時の利率で固定され、途中で利率が変わることはありません。つまり、遅延損害金については、債務者が遅滞の責任を負った最初の時点における法定利率が、基準時の利率となります。たとえば、４月１日から借主が家賃の支払いを滞納し始めたとしましょう。４月１日時点での法定利率は３％、その後翌年の１月１日に法定利率が見直され２％となったとします。この場合、借主が滞納をはじめた４月１日が基準時の利率となりますので、３％の法定利率に基づき遅延損害金が算出されます。

借主に対する家賃の支払請求について、時効により消滅することはありますか。また、時効による消滅を阻止する手段はあるのでしょうか。

10年または５年の消滅時効期間が定められており、貸主は更新等を行う必要があります。

契約で定められた期日に従って、借主が家賃を支払ってくれる場合は問題ありませんが、借主が支払ってくれない場合には、貸主が請求を行う必要があります。しかし、貸主による請求は、無限に行い続けることはできません。貸主の借主に対する家賃の支払請求権は、金銭債権の一種ですので、民法が定める債権の消滅時効期間の適用を受けます。平成29年の民法改正では、債権の消滅時効について、「権利を行使できる時から10年」が経過したときに加えて、「権利を行使できることを知った時から５年」が経過した場合に、債権は時効によって消滅すると規定しています。「権利を行使できる時」という客観的起算点だけでなく、「権利を行使できると知った時」という主観的起算点からの時効期間を設けることで、法律関係の早期安定化をめざしています。

なお、これらの時効期間が経過しても、自動的に債権が消滅するわけではなく、債務者が時効による利益を受ける意思表示を行うこと（時効の援用）が必要です。つまり、借主が「家賃の支払請求権は時効により消滅しました」と貸主に主張しなければ、借主が時効期間の経過後に家賃を提供した場合、貸主は問題なく家賃の支払いを受けることが可能です。

これに対して、債権者である貸主は、家賃の支払請求権が時効により消滅することを阻止する必要があります。平成29年の民法改正では、時効の完成猶予と時効の更新という制度を設けています。時効の完成猶予とは、債権者による権利行使が困難な状況である場合に、時効の完成を一定期間猶予する制度のことです。一方、時効の更新とは、一定の事実があるときに、それまでの時効期間がリセットされ、ゼロから時効期間を再スタートさせる制度です。たとえば、貸主が賃料の支払いを借主に対して裁判外において催促した場合（履行の催告）には、６か月間時効の完成が猶予されます。また、借主が賃料支払の意思を明確に示せば（債務の承認)、その時点から時効期間が更新されます。

さらに、平成29年の民法改正では、債権者が債務者と借金の額や支払方法などについて話し合いをもつことは、債権者がその権利を行使しているといえるため、当事者が権利について協議をする旨を合意して、この合意に基づき協議を行っている一定の期間は、時効の完成が猶予されるという制度を設けています。

ただし、権利について協議をする旨の合意は、必ず書面で残す必要があります。電磁的記録も書面とみなされることから、メールで合意した場合も時効の完成が猶予されます。

■ 協議の合意による時効の完成猶予

(債権者)

賃料支払請求に関する協議を行う旨を合意（書面）

貸主
(債権者)

⇒ 協議の合意による時効の完成猶予期間（原則）

①協議の合意があったときから1年
②１年に満たない期間を定めた場合はその期間
③当事者の一方が協議の打ち切りを通知したときは通知の時から6か月

マンション運営を行う場合、賃貸後の家賃の値上げが可能なケースや適正家賃の基準、不動産価格への連動家賃の設定が可能かどうか教えてください。

家賃の値上げ請求が認められるのは一定のケースに限られます。

家賃値上げの請求が認められるのは、①固定資産税や都市計画税などの税金の負担が増えたときや、②土地建物の価格が高騰したとき、③家賃が近隣同種の建物の家賃と比較して不相当に低くなったときなどの場合で、かつ「契約書に家賃を増額しない」という旨の約定がないケースに限られます。

通常は契約書に「家賃を増額しない」とは記載しないので（貸主が増額できなくなるため）、値上げ請求権自体がないというケースは少ないでしょう。適正な家賃の基準については、建物の構造や日当たりの程度、周辺地区の環境や利便性などを総合的に考慮した上で算定されます。適正な家賃を導く方法として不動産鑑定士に鑑定を依頼する方法があります。また、不動産業者のアドバイスを求め、家賃の予測を立てる方法なども考えられます。

なお、不動産の価格に連動した家賃の設定については、借家人との合意があれば可能です。ただ、家賃のスライド制の場合は不動産価格の増減に比例して家賃が変動するため、土地の価格の変動幅が大きい場合にはかなりの増額となる可能性があります。

このような場合には借家人が反発して値上げを拒否することがあるため、不動産価格に連動させて決定した家賃が適正かを十分に検討してから値上げをするべきでしょう。

数年前から知人に店舗を貸していますが、店舗経営が順調であるため、今度家賃を値上げしようと考えています。店舗関係の家賃の決め方や基準はあるのでしょうか。

家賃の値上げには税負担増、価格高騰、近隣家賃と比べ不相応などの要件があります。

店舗関係の家賃については当事者間で話し合って決めるのがベストですが、その場合、様々な経済事情などを考慮する必要があります。店舗が繁盛しているという理由だけで家賃を値上げするのは妥当ではありません。

繁盛しているのは借家人の経営努力の結果であり、売上が伸びていても利益がなく赤字である場合もあります。借家人との無用なトラブルを避けるためには、十分に検討することが必要です。

家賃を値上げできるのは、①土地建物に対する税金負担の増加、②土地の価格（地価）の高騰、③近隣の建物の家賃と比べて不相当となった場合に限られます。本ケースの場合、契約締結から数年の経過に留まるため、現時点での値上げは妥当ではありません。

値上げの可能な額については、判例によると「店舗の家賃を決めるには、現在の消費者物価指数や土地建物の価格の変化、過去の賃貸借契約における家賃の値上げについての事例、各当事者の事情を考慮して適正な家賃を決めるのがよい」とされています。したがって、個別のケースによって値上げできる額を判断するしかありません。なお、店舗の賃貸借では一般的に保証金や権利金を高額に設定します。一方、住居用マンションと兼用であれば保証金や権利金を低額にして家賃を割高に設定します。

借主が今後支払う予定である、将来発生する予定の家賃支払請求権を第三者に譲渡することは可能なのでしょうか。

今後発生するであろう賃料債権であっても第三者に対して譲渡可能です。

債権は個人の財産ですので原則として自由に譲渡（処分）することができます。債権譲渡とは、債権の性質を変えることなく第三者に移転することをいいます。本ケースのように、貸主の借主に対する賃料支払請求権も債権ですので、第三者に譲渡（移転）することができます。債権譲渡は、債権の譲渡人（旧債権者）と譲受人（新債権者）との間における契約によって行われます。

もっとも、既に発生している賃料債権については、問題なく譲渡可能ですが、賃料については、当月分の賃料の支払日が前月の末日であると定められている場合も少なくありません。そのため、賃料債権を第三者に譲渡する場合に、当該債権が未だ発生していない場合があり得ます。すると、将来発生する賃料債権は、契約が解除されて賃料が得られなくなる場合がありますが、そのような賃料債権であっても譲渡できるのかが問題となります。

平成29年の民法改正では、現在は発生していないが、将来に発生する予定がある債権（将来債権）の譲渡が有効である旨を明記しています。そして、将来債権が譲渡された場合、「譲受人は、発生した債権を当然に取得する」と規定していますので、将来発生する賃料債権であっても、有効に第三者に対して譲渡することが可能です。

賃貸人に対して債権を持つ人は、賃借人に対して直接自分に対して賃料を支払うよう請求することが認められるのでしょうか。

賃貸人の債権者は、賃借人に対して直接賃料を請求することが可能です。

賃料をめぐるトラブルには、貸主の債権者が関わってくる問題もあります。たとえば、貸主の債権者Aが、貸主が債務を履行しないために、貸主が持っている賃料債権について、借主に対して直接A自身に支払うように主張して、Aの貸主に対する債権を回収しようと考える場合があります。民法は、債権者代位権という制度を設けて、債務者の相手方に対する権利（被代位権利）を代理して行使することを認めています。債権者代位権の行使が認められるためには、被保全債権を保全する必要性があること等の要件を満たす必要がありますが、要件を満たすことで、貸主の債権者は借主から直接、賃料債権の支払いを受けることができます。

なお、平成29年の民法改正では、「債権者が被代位権利を行使した場合であっても、債務者は、被代位権利について、自ら取立てその他の処分をすることを妨げられない」という規定が新設されています。従来の判例は、債権者が債権者代位権の行使に着手したという通知を受けた債務者は、もはや債権者に債務を支払うことが禁止されていました。しかし差押えなどの手続きを経ずに、被代位権利の処分を禁止することは不当であることから、債権者代位権が行使された後であっても、貸主は借主に対して賃料の支払を請求できるということが明確にされました。

建物の借主が転貸借契約を締結している場合、建物の所有者（貸主）である私は、転借人から直接賃料を支払ってもらうことは可能でしょうか。

転借人に対して直接賃料の支払いを請求することができる場合があります。

転貸とは、「また貸し」のことで賃借人が第三者にさらに部屋を賃貸することをいいます。転貸をするには、賃貸人（所有者）の承諾が必要とされています。

賃貸人に無断で他人に転貸することを無断転貸といいます。賃借人が他人に無断転貸をした場合、多くの場合、賃貸人・賃借人間の信頼関係は破壊されることになるため、賃貸人は賃借人との賃貸借契約を解除することができます。

賃貸人の承諾を得て適法に転貸がなされた場合、転借人（賃借人からまた貸しされた者）は、賃借人から部屋を借りていますから、基本的には賃借人に家賃を払うことになります。もっとも、賃貸人も直接、転借人に対して家賃を請求することができます。

●家主の転借人に対する賃料支払請求

たとえば、ビルのオーナーであるＡ（所有者）からＢ（賃借人・転貸人）がビル全体を賃借していて、ＢはＣ（転借人）にその１階部分を転貸していたというケースで、ＡがＣに対して「Ｂが家賃を滞納しているので、今後は私に直接支払いをしてほしい」と要求した場合、Ｃは支払う義務を負うのでしょうか。

この場合、Ｃはまず、Ａが本当にビルの所有者なのかを登記簿で確認します。確認後にＡとＢの関係を調査します。調べることは、たとえば、ＡＢ間でビルに関する賃貸借契約が締結されていたのか、賃料はいくらだったのか、滞納があったのかなどです。Ｂに問い合わせたり、Ａに契約書を見せてもらうなどして確かめることになります。さらに、ＡがＢとの契約を解除している可能性が高いので、それも確認することになります。

Ａとしては、賃料収入を確保するために、そして、Ｃとしては今まで通りビルを賃借できる方法を考える必要があるという点で、ＡとＣとの間で利害関係は一致します。そこで、Ａが直接Ｃに対して賃料の支払いを請求するということが考えられます。

その際、Ａは賃料不払いを理由に、Ｂとの間の賃貸借契約を解約します。その後、ＡがＣとの間で直接賃貸借契約を結ぶことで、以後は転借人Ｃを賃借人として、Ａは賃料の支払いを請求することが可能です。Ｂが解約したくないというのであれば、ＢがＡに延滞賃料を支払うことで、Ａとの関係を正常化させることも可能です。その場合も、上述のように賃貸人Ａは、転借人Ｃに対して、直接賃料の支払いを請求することができます。

■ 転貸借関係

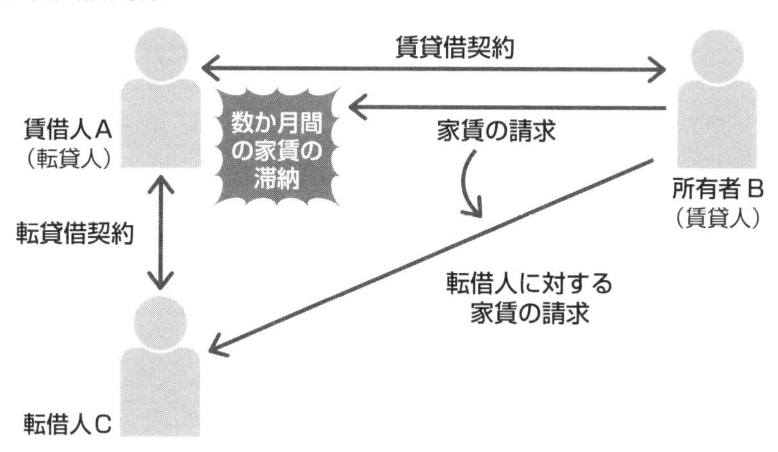

借主のために値上げをせずに建物を貸し続けていましたが、期間満了時の明渡しに応じず困っています。本当は請求したかった過去の家賃を増額請求するのは可能でしょうか。

借地借家法により、過去の家賃をさかのぼって増額請求することはできません。

家賃の変更については、借地借家法に「将来に向かって家賃の増減を請求することができる」という規定があります。したがって、過去に支払済みの家賃について、さかのぼって増額を請求することはできません。賃貸借契約を交わす際に借主と決めた家賃の額が契約の内容で、これは両者に拘束力があるためです。

家賃の増額請求は、家主が借主に対して値上げを請求してはじめて増額され、将来に向かってのみ効力を生じます。また、契約の更新拒絶による建物の明渡しについては、その建物を家主自ら使用する必要性が生じたなどの「正当な事由」がなければ、賃貸借契約の終了期限がきても請求することができません。なお、明渡しを請求した場合には、借主から立退料を請求されることがありますので、注意が必要です。

本ケースの場合、どんな事情で明渡しを求めたのかはわかりませんが、明渡請求が認められるかは、正当な事由の有無によって判断されるため、家賃を何年も値上げしなかったこととは全く関係がありません。法律的に契約満了時に建物明渡しの効力を持たせるためには、契約締結の際に、期間満了時の更新がなく、明渡しを認める定期借家契約を結んでおく必要があります。

借主から家賃の減額請求を受けたのですが、どのようにしたらよいのでしょうか。

話し合いがつかない場合には裁判で決めることになります。

家賃増減請求権は、借地借家法32条に規定されており、その条件を満たしていれば家主からの値上げ要求はもちろん、借主からの値下げ要求も法的に正当な権利として行使することができます。家賃増減請求権を行使する条件としては、土地や建物に対する租税（固定資産税、都市計画税など）や管理費などの増減、土地や建物の評価額の増減、その他経済状況の変動、近隣の同程度の賃貸物件の家賃との比較などにより、現行の家賃が適正な価格でなくなったことが必要とされています。

双方の話し合いで家賃の額に折り合いがつけばよいのですが、どうしても意見が合わない場合は、調停などを経て、最終的には裁判で判決を受けることになります。

裁判で家賃の額に決着がつくまでには、通常数か月の時間がかかります。この間、裁判が確定するまでは、家賃増減請求を受けた側が正当と思う家賃を暫定家賃として授受することになります。たとえば借主から減額請求を受けた場合、家主は自分が正当と思う家賃を請求し、借主は請求通りの額を支払わなければなりません。裁判が確定後、借主の支払済みの家賃に払い過ぎがある場合は、家主は超過分に年１割の利息をつけて借主に返済します。

貸家の一部が失火により使用できなくなった場合に、家賃の減額を認めなければならないのでしょうか。

借主に落ち度が認められない場合には、賃料は当然に減額されることになります。

貸家の一部が失火に基づき使用できなくなった場合、借主としては、家賃を支払うことによって使用することができるはずの空間が、狭くなってしまうことになります。賃料は、賃貸借契約の目的物を使用・収益することの対価として支払われるものですので、それが一部でも滅失したのであれば、その相当額について賃料が減額されるのが当然であるということができます。

しかし、貸主としては、貸家が一部使用できなくなった場合に、その分に相当する金額について、賃料の減額が認められるのであれば、当初見込んでいた賃料収入が目減りすることになります。しかも、貸主の同意の有無にかかわらず、賃料が減額されるのであれば、その影響はさらに大きいといわざるを得ません。そこで、民法は一部使用不能になった事由の原因が、借主にあるのか否かによって、賃料に関する取扱いを変えています。

●一部使用不能の原因が借主の落ち度ではない場合

たとえば本ケースの失火が、隣家から燃え移った場合や不可抗力であった場合には、民法は「賃料は、その使用及び収益をすることができなくなった部分の割合に応じて、減額される」と規定していますので、賃借人が賃料の減額を請求するまでもなく、貸家を使用できなくなった部分の割合に応じて、賃料は当然に減額されます。貸主は、貸家の一部が使用不能になった場合、賃料の減額に応じなければならず、いわば自動的に賃料が減額されることになるため、貸家の現状を把握する必要があります。しかし、一部使用不能になった部分について、修繕等を行うことにより、使用不能部分を解消した場合には、貸主は元の賃料の支払いを請求することが可能になると考えられています。

●一部使用不能の原因が借主の落ち度による場合

これに対して、本ケースの失火が借主自身によるものである場合には、賃料が当然に減額されるとする民法の規定が適用されませんので、貸主は賃料の減額に応じる必要はなく、賃料全額の請求を行うことが可能です。

貸主としては、一部使用不能が借主の落ち度に基づく場合であっても、注意しなければならない点があります。平成29年の民法改正では、賃借人に落ち度があるかないかを問わず、一部滅失等の事由によって使用・収益不可能な部分があり、これにより賃借人の契約の目的が達成できない（目的達成不能）場合には、賃借人からの契約の解除が許されています。したがって、貸主は賃料の減額請求に応じる義務はありませんが、契約の解除を求められる場合があることを認識しておく必要があります。もっとも、貸主は一部使用不能になったことに基づき、発生した損害について借主に損害賠償請求を行うことができます。

■ 一部使用不能に基づく賃料の減額

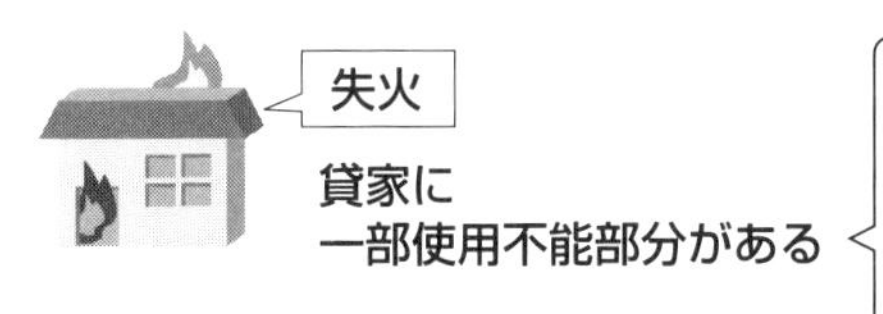

● 借主に落ち度がない場合
⇒ 賃料は当然に減額される
（借主は契約の解除も可能）

● 借主に落ち度がある場合
⇒ 賃料は当然には減額されない
（借主は契約の解除は可能）

契約書に「2か月家賃を滞納した場合は理由を問わず解除できる」という特約があるのですが、特約どおり、立退きを要求してもよいのでしょうか。

「信頼関係の破壊」がなければ契約は解除できません。

今の状態ですぐに特約を理由として契約解除をするのは難しいでしょう。住宅の賃貸借契約について特別の規定を定めている借地借家法には、契約更新や解約などについて借家人に不利な特約を設けても、その特約は無効であると規定されています。今回の特約がこの規定により無効となるかというと、そうではありません。裁判所の判例を見ると「特約自体は有効であるが、それだけを理由として契約解除することは認められない」とするのが一般的です。

裁判所は、住宅の賃貸借契約の解除を認めるためには、当事者双方の信頼関係が修復不能なほど破壊されたかどうかを基準としています。たとえば病気や事故などやむを得ない事情で家賃を滞納しているのであれば、特約は借家人にとって不利に働く条項であり、信頼関係を完全に崩壊させるほど悪質な違反とはいえません。平成29年の民法改正では、契約解除による債務者の不利益を考慮して、債務の不履行が「契約及び取引上の社会通念に照らして軽微」である場合には、催告を要する契約解除（催告解除）ができないことが明文化されています。契約解除を可能にするためには、特約違反に加え、督促（催促）をしたのに応じないなど「信頼関係を損なう事実」を積み重ねることが必要です。

家賃の滞納に我慢できません。滞納した借主が悪いのですから、鍵を取り替えて追い出したいのですが、後で問題になるのでしょうか。

鍵の交換は許されない行為で、後に損害賠償責任が発生するおそれがあります。

賃貸借契約において、借主は賃料の支払義務を負っています。しかも、賃料支払義務は借主としての基本的な義務といえますので、賃料の支払いを滞納している借主は、契約に対する重大な義務に違反しています。しかし、わが国では自力救済が禁止されており、法律の手続きを経なければ、正当な権利を持っている人であっても、強制的に自分の権利を行使することは許されません。

借主が家賃を滞納しており、滞納が半年以上などの長期間に渡っているのであれば、一般に信頼関係が破壊されていると判断されますので、契約の解除が認められます。そして、建物明渡しの訴訟を提起した上で勝訴判決を得て、建物明渡しの強制執行の申立てを行い、執行官の立会いの下で建物の明渡しを実行するという手続きが用意されています。したがって、家賃を滞納しているからといって、鍵を取り替えて、物理的に借主を追い出すようなことは、自力救済にあたりますので、許されません。

むしろ、仮に貸主が自力救済に及んで鍵を取り替えることは、不法行為に該当します（民法709条）。たとえば、鍵の交換によって、借主の荷物等に損害が発生した場合や、借主の仮の住居費用などについて、損害賠償責任を負う可能性があります。

貸しているアパートの住人の一人がたびたび家賃を滞納します。以前なら翌月にまとめて支払われていましたが、滞納家賃が3か月分となりました。契約解除はできますか。

一般的に滞納が３か月分以上であれば、契約を解除することが可能です。

借主は、家賃を期限までに家主に支払う義務があります。家賃を期限までに支払えない場合は、借主の契約違反となります。この場合、家主は借主の契約違反を理由に契約解除ができます。

もっとも、家賃滞納が発生したら即時に契約を解除できるということはありません。やむを得ない事情がある場合などに、たまたま１か月分の家賃を滞納した場合、すぐに契約を解除されて退去を求められるとすれば、これは借主にとってあまりにも酷な仕打ちです。まずは、借主に対して「○月○日までに滞納分の家賃を支払うように」と催促（催告）する方法をとります。そして、その期限までに支払いがなかった場合に、初めて契約を解除することになります。

しかし、３か月分以上の家賃滞納がある場合には、もはや家主と借主との間の信頼関係は壊れてしまった状態であることが多いといえます。この場合、無催告解除特約を定めていれば、家主は改めて家賃の催促をする必要はなく、いきなり契約を解除することが可能であると考えられています。家主としては、３か月分以上の家賃滞納があれば、直ちに契約解除ができるとする旨の無催告解除特約を定めておくとよいでしょう。

あと１年弱で当初の契約期間が満了する場合、貸主が何も言わない場合に、借主を退去させることができるのでしょうか。

貸主が期間満了の１年前から６か月前に通知を行わなければ、同一の条件で契約を更新したものとみなされます。

契約解除と解約は契約期間中のことですが、契約期間が終了した後に契約を維持するのか終了するのかを決めるのが契約更新の問題です。契約の更新とは、期間の定めのある契約（契約書に「契約期間は○年間とする」という条項があるもの）において、期間満了をもって契約が終了した後に、契約を継続させることをいいます。

契約の更新には、合意更新と法定更新の２種類があります。

①　合意更新

当事者双方が話し合い、納得した上で契約を更新することを合意更新といいます。このとき、契約内容をそのまま維持するか、条件のいくつかを変更するかといった点についても話し合います。

②　法定更新

通常、期間の定めのある契約を締結した場合、契約期間が満了すれば契約の効力は失われます。しかし、賃貸借契約については、借地借家法によって特別な規定が置かれています。一方が契約更新を拒否したり、更新を前提に話し合っていても条件が折り合わないまま期間満了を迎えてしまうということもあります。ただ、そのまま契約終了という形になってしまうと、当事者の一方が大きな不利益を被ることがあるため、法律が「自動的に契約を更新した」とみなすことがあります。これを法定更新と呼んでいます。この法定更新は、賃借人（借主）を保護するための規定です。賃借人は、賃貸人（貸主）よりも立場が弱く、生活の基盤となる家を失ってしまうことで賃借人が受ける影響は大きいので、借地借家法により法定更新の規定が置かれています。定期建物賃貸借の場合は別ですが、建物が居住用でも事業用でも法定更新の規定は適用されます。

具体的には、借家の場合、期間満了の１年前から６か月前に貸主が更新しない旨を通知すれば更新を拒絶（正当事由が必要）できますが、更新しない旨の通知をしなかったときは従前の契約と同一の条件で契約を更新したものとみなされます。

さらに、この通知をしたとしても、期間満了後、建物の賃借人が依然として使用を継続する場合に、建物の賃貸人が遅滞なく（不当に遅れることがなく）正当事由のある異議を述べなかった場合には、従前の契約と同一の条件で契約を更新したものとみなされます。

つまり、当事者間で契約更新に関する合意がなかったとしても、賃借人がそこに居住を続け、賃貸人が異議を述べなかった場合には、契約は自動的に更新されることに注意が必要です。

■ 借家契約の法定更新

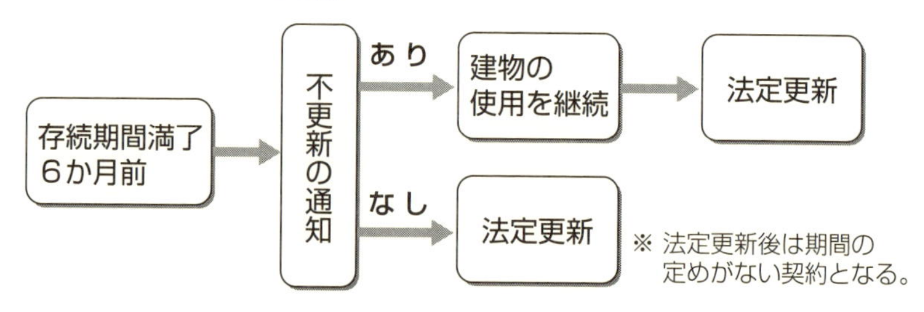

賃貸借契約更新時に、家賃の値上げとそれに伴う敷金追加分を請求しました。敷金の追加請求は認められるのでしょうか。

契約書に敷金増額特約を置いていなくても、家主が追加分の支払いを受けられる場合があります。

本ケースでは、賃貸借契約書内に敷金の増額についての特約がある際には、敷金の追加分の支払いを受けることが可能です。特約の内容は、具体的には「敷金は更新時の新家賃の２か月分とする」または「敷金は更新時に増額する」などの条項のことです。このような条項が入っていれば、家主は敷金の追加分を請求することができます。一方、契約書に敷金増額の特約がないのであれば、敷金追加分の請求には正当な理由がなく、法律上は請求が認められません。借地借家法には家賃の増額請求については規定があるものの、敷金の増額請求についての規定はありません。

ただし、家賃の増額は、経済事情や近隣の家賃の相場などを考慮するため、家賃を値上げしたのに敷金が据え置きとなると家賃の未払いが発生した際に担保が不足し、敷金を入れてもらった意味が失われてしまう場合があります。家主にとっては敷金が更新時の家賃に連動する方が安心であり、借主としても、家主との今後の関係を良好に保ちたいと考えることが通常なので、特約がなくても敷金の追加差入れに応じることも期待できます。

なお、家主は、一般的に更新時に家賃の半月～２か月分程度の更新料の支払いを求めるという運用がしばしば行われています。

貸主が家賃の受領を拒み解約を申し入れた後に、借主が供託した家賃を受理すると、解約の申入れは撤回されたことになりますか。

貸主が供託金を受け取っても、常に解約の申入れが撤回となるわけではありません。

貸主の供託金の受取り行為が解約申込みの撤回と判断される場合も確かにありますが、本ケースの場合、その行為だけでは貸主が解約申込みを撤回したと判断されるわけではありません。

契約期間の定めのない借家契約は、貸主が正当事由をもって解約申入れをしてから6か月経つと終了します（借地借家法27条）。貸主が解約の申入れを行ったとしても、その後6か月間は、借家人（借主）には家賃を支払う義務があります。したがって、貸主が6か月以内の供託金を受け取っていた場合、それは契約期間内の家賃の受取りとなるため、その事実だけで解約申入れを撤回したとは判断されません。しかし、だからといって貸主の解約申入れが正当なものとして認められるかは判断できません。貸主による借家契約の解約申入れが認められるためには、正当事由が必要です。この正当事由の有無は貸主が建物を必要とする事情や建物の利用状況、立退料などを総合的に考慮して判断されます。

したがって、たとえ貸主が供託金を受け取ったとしても、それだけで解約の申入れを撤回したと判断されることはありません。しかし、貸主側の正当事由が認められない場合であれば、貸主による適法な解約申入れとはいえないため、借主を退去させることができない場合があるということに注意が必要です。

更新時に賃料２か月分の更新料の支払いを請求したところ、「不当な請求」と言われ支払いを拒否されました。妥当な金額だと思うのですが。

賃料の２か月分程度であれば、不当に高額とは扱われません。

住居の賃貸借契約書をよく見てみると、多くの場合「契約期間は２年間とする」といった条項が記載されています。このような契約条項のある賃貸住宅に長期間入居しようと思うと、２年ごとに契約更新をする必要があります。契約更新に必要な事務手続きに関しては、契約書の内容を一部書き換えたり、当事者双方の署名・押印等が必要です。この書類作成などの事務費用を更新事務手数料といい、本来は賃貸人が不動産管理業者に支払う費用ですが、通常、その費用を契約で賃借人が負担します。契約書で合意していれば、更新事務手数料を請求すること自体は問題がありませんが、契約時に更新事務手数料を請求する趣旨を賃借人に説明しておく必要があります。

なお、更新事務手数料とは別で、手続をする際に更新料という名目の費用を請求されることがあります。更新料に関することを規定した法律は特になく、どのような目的で支払われるかということは明確になっていませんが、地方によっては慣習化されているものです。

そのため、更新時には「更新料を請求できるのが当然」と考えている賃貸人も多いでしょう。しかし、契約更新に必要な事務手続きといえば、契約書の内容を一部書き換えたり、当事者双方の署名押印をする程度ですから、多額の経費がかかるわけではありません。また、更新料にも相場というものがあります。極端にいえば更新料の授受がない地方もあるくらいです。

したがって、賃貸経営する地域が、更新料の支払いが慣習的に行われている地域なのか、居住用の更新料の相場はどの程度かなどを月額賃料との関係で検討する必要があります。また、契約締結とその契約が継続されてきた経緯といった個別的な事情も大きく作用します。たとえば、東京における居住目的の賃貸住宅の場合、相場の賃料を前提とする更新料は賃料の１か月～２か月分が多いようです。極端に高額の更新料が設定されている場合は、無効の主張や減額の交渉を求められる可能性があります。

なお、特約が単に更新料の支払いを求めるのではなく、「更新料を支払わない場合は契約の更新をしない」とするように、更新そのものを拒否するような内容であった場合は、賃借人に著しく不利益を与える内容として無効とされる可能性が高くなります。

●更新料をめぐる裁判所の判断

更新料特約の効力については、賃料の補充や前払い、契約を継続するための対価など複合的な性質があり、その支払いに合理性がないとはいえないことを理由として、賃料や契約更新期間に照らして高額すぎるなど特段の事情がない限り、更新料は無効とはならないとする最高裁判所の判例があります。訴訟では、１年ごとに２か月分の更新料をとる契約条項が不当に高額ではないかが問題とされていたのですが、この契約条項も有効と判断されています。

この判例を基準に考えれば、賃料の２か月分程度であれば、不当に高額ではないので、更新料の請求が認められることになります。ただ、「高額すぎる」更新料は無効と判断されることになるので、要求する更新料の金額には注意しなければならないでしょう。

法定更新になると更新料を請求できないのでしょうか。

扱いは明確ではないため、あらかじめ条項で規定しておくことが大切です。

建物の賃貸借において更新料を支払う合意があれば、合意更新の場合は原則として更新料を請求できます。ただし、法定更新の場合の更新料請求の可否については、裁判所の見解は分かれており、更新料を支払う旨の合意は合意更新の場合の約定であり、法定更新の場合には更新料は請求できないという判例もあります。

また、合意による更新ができずに法定更新になった場合について、契約書に「法定更新の場合にも更新料を支払う」と書いてあれば、更新料を受け取ることはできます。ただし、それ以降は法定更新により、建物の賃貸借の場合は期間の定めのない契約になるため、更新料の請求はできません。

「法定更新だから更新料の支払は必要ない」という主張を防ぎたい場合、たとえば、「貸主と借主の双方から申し出がなかった場合には、本賃貸借契約は自動的に更新されたものとみなす」という条項を契約書の中に入れておきます。このように、契約期間の満了後に自動的に賃貸借契約が更新されるという内容の条項を契約書に盛り込んでおくことで、法定更新により更新料が請求できなくなるという事態を避けることができます。

ただし、契約内容の見直しを一切認めないような条項は無効と判断される可能性があるため気をつけなければなりません。

貸主が立退料を支払うことになるのはどんな場合でしょうか。

貸主の都合で退去してもらうケースでは支払うことが多いようです。

立退料とは、貸主の都合で借主に立退きを請求しなければならないような場合に貸主から借主に支払われる金銭のことで、具体的には移転実費、開発利益の配分額、慰謝料、営業補償、借家権の価格がこれに該当します。

借主に出て行ってもらうのに常に立退料が必要というわけではありません。借主の契約違反や債務不履行などがあって立退きを求めるケースや、そもそも一時利用の賃貸借の場合には、立退料は発生しないとするのが一般的です。また、どうしても自己使用しなければならなくなった貸主側の正当事由（正当な事由）があれば、立退料を支払わなくてもよいケースもあります。

もっとも、正当事由は、貸主が他に住む場所がなく、貸している建物のみが唯一の拠り所である場合や、貸している建物が老朽化等の原因で、差し迫った危険があり、建て替えの必要がある場合など、限定的なケース以外では、なかなか認められません。

ただ、立退料の支払いは住居立退きに際してのトラブルを解決する有効な手段として一般的に利用されています。

特に、借家契約の契約期間が満了した場合に、貸主が更新拒絶をする際には正当事由が必要ですが、立退料の金額はこの正当事由の不足分を補う要素として考慮されます。つまり、貸主側に更新を拒絶したい何らかの事情があるが、それだけでは正当事由があるかどうか微妙な場合には、立退料の額を上乗せすることで正当事由を補強することができるのです。

そのため、貸主が立退きを早く解決したい場合には、立退料の支払いをそれほど必要としない正当事由が備わっている場合でも借主に高額の立退料の支払いを提示することがあります。ただ、立退料の額が高額であればそれだけで正当事由が認められるということにはならないので注意しましょう。

なお、区画整理や、道路建設、空港建設など、公共事業による立退きの場合には、立退料が支払われるのが一般的です。

●立退料の算定方法

立退料はそもそも法律上の概念ではないこともあり、具体的な金額についても一定の基準を設けて算定をすることは困難だといえます。判例でも、立退料の額の算定は賃貸借契約成立の時期および内容、その後における建物利用関係、解約申入時における双方の事情を総合的に比較考量して、裁判所の裁量によって「自由に決定し得る」ものとされています。つまり、貸主・借主双方の年齢・経歴・職業、資産、経済的な状態、立退料の提示・移転先あっせん・交渉態度などを考慮して、個別具体的に決められることになります。

■ **立退料を求めるための要件**

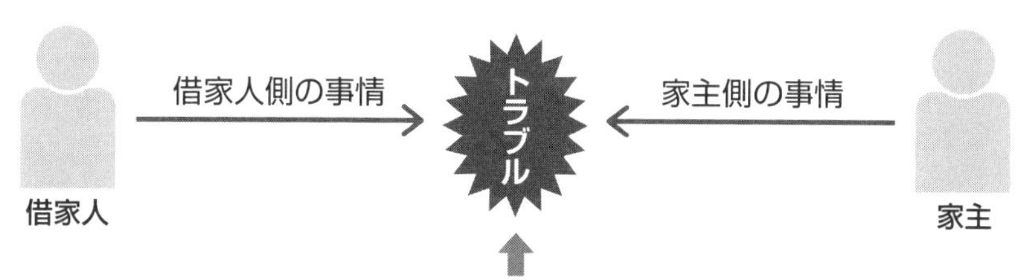

立退きの際に考慮される「正当事由」とはどんな事情のことをいうのでしょうか。

貸主の事情や借主の事情、当初の契約で定めた事由を総合して判断します。

貸主は自由に賃貸借契約の更新を拒絶できるのではなく、更新を拒絶しても妥当といえるほどの正当な事由（正当事由）がない限りは更新を拒絶することはできません。正当事由の内容としては、①貸主の事情（現在の住居の状態や家族数、職業、経済状態など貸している建物が必要な理由）、②借主の事情（職業、家族数、経済状態、転居が可能かどうかといった事情）、③借家契約で定めた事情が挙げられます。

●貸主側の具体的な事情

立退きを申し出なければならない貸主側の事情としては、ⓐ貸主自身または貸主の家族や近親者が賃貸家屋を住居として使用する必要がある場合、ⓑ貸主自身またはその家族・近親者が賃貸家屋を営業の目的で使用する必要がある場合、ⓒ賃貸家屋の劣化や老朽化のために大幅な修築あるいは新築が必要な場合、ⓓ相続で貸主が代わり、土地を売却する必要がある場合、などが考えられます。

ⓐの例としては、貸主またはその家族が住居として使用していた家屋が消失した場合、地震や台風といった災害で崩壊した場合、貸主の住んでいる建物の老朽化がひどく居住し続けることが不可能になった場合が挙げられます。ⓑは正当事由の観点から見ると

ⓐよりも説得力に欠けるといえます。貸主が現在貸している賃貸家屋をどうしても店舗として使用しなければ生活を維持していけないことが正当に証明されれば正当事由は認められるかもしれません。ⓒのケースもよく見受けられますが、家屋が老朽化しているといってもそれが崩壊寸前なのか、修理を行えばまだ居住可能なのかによって正当事由としての重みが違ってきます。ⓓのように相続の問題で立退きが発生してくることもよくあります。相続した家屋を売却しなければ相続税を払えないなど、経済状態が非常に逼迫した状態であることを貸主が証明できればこれが正当事由と認められることもあります。

●借主側の具体的な事情

正当事由を否定したい借主側の事情としては、ⓐ借主がその賃貸家屋を住居として使用しなければならない理由のある場合、ⓑ借主が賃貸家屋を営業の目的で使用しなければならない理由のある場合、ⓒ借主が賃貸家屋を長い期間に渡って使用してきている場合、が主に考えられます。

借主の事情を考慮する際には、借主が他の賃貸家屋に転居できるか、または他の家屋を購入する経済力があるかどうかが１つの重要なポイントになります。また、借主の家族構成やその賃貸家屋に居住している（あるいはそこで営業している）年数が重要視されます。また、立退きによって経済的な損失をそれほど被らなくても、借主が賃貸家屋を長年に渡って使用してきたような場合には、借主の立場がかなり有利になります。居住地域で長年築いてきた人間関係、商売を営んできた場合には、顧客との間で作り上げた信頼関係は一種の財産であり、賃貸家屋が借主の生活の本拠地として確立してしまっているからです。

このように、立退料の算出にあたっては長年住んできた地域を去ることから発生する損失というものが十分に考慮されます。

海外赴任中の3年間だけ自宅を貸し出したいと考えています。こうした一時的な賃貸借契約でも、借主に立退料を払う必要があるのでしょうか。

一時使用の賃貸借の場合、立退料を払う必要はありません。

立退料とは、貸主が借主に立退きを求める際に借主の移転による不利益に対して、補償の目的で支払われる金銭のことをいいます。借家契約の期間満了の際に、貸主が契約の更新拒絶（期間の定めのない契約の場合には、解約の申入れ）をして、借主に立退きを求めるためには、借家を自ら使用する必要がある場合やその他の正当事由がなければなりません。

貸主の更新拒絶や解約申入れに正当事由がある場合は、立退料を支払わないで借主に立退きを求めることができますが、正当事由がない場合には、立退きを求めることはできないことになります。また、正当事由が不十分な場合に、それを補うために立退料が支払われることもあります。この場合、立退料の金額は他の事情との相関関係で決まります。

もっとも、貸主が海外赴任から戻るまでの期間、自宅を一時的に貸すということが明らかである場合は、一時使用目的の建物賃貸借（借家契約）にあたります。たとえば、「賃貸人の不在期間の建物賃貸借」であることが契約書などで明らかであれば、一時使用目的の建物賃貸借と認められます。このとき、契約の更新なく借家契約が終了しますので、貸主は、立退料の支払いをしないで借主に立退きを求めることができます。

借主が造作買取請求権を行使してきた場合、貸主としてはどのように対応する必要があるのでしょうか。

家主が取付けを承諾していた場合、家主は買取請求に応じる必要があります。

借主が貸主の承諾を得て借家に取り付けた物は、契約終了後、貸主に買い取りを請求することが認められています。これを造作買取請求権といいます。この場合の「造作」とは、建物に取り付けられたもので、建物をより使いやすくするものをいいます。取り付けられたものが造作ですから、家具や柱時計などのように、単に建物内に置いてあるにすぎないものは、造作ではありません。

平成29年の民法改正では、借主（賃借人）に対して、借家（賃借物）を借り受けた後に附属させた物について、契約終了時に、その物を収去する義務を負わせる旨を明記しています。しかし、借地借家法が規定する造作買取請求は、民法に優先して適用されるため、造作買取請求権を行使することで、借主は附属物の収去義務の免除が認められたものと判断されます。

なお、借主が造作買取請求権を行使するには、造作の取り付けについて、事前に貸主の同意を得ていることが必要です。仮に同意していなくても、貸主の判断で自主的に買い取ることはできますが、家主の同意を得ずにクーラーなどの造作を設置した場合、貸主は借主の造作買取請求を拒否することができます。また、造作買取請求権は特約で排除ができますので、その旨の特約がある場合にも、貸主は造作買取請求の拒否ができます。

店舗用ビルの賃貸借の契約書に有益費償還請求放棄の特約がある場合、店舗用ビルの内装工事費を支払う必要はあるのでしょうか。

有益費の償還請求放棄の特約が有効となるため、工事費用を払う必要はありません。

本ケースにおける有益費償還請求放棄の特約（有益費償還請求権の排除特約）とは、契約終了時に、借主は店舗の内装費用の請求は行わない旨を定めた特約のことです。

賃貸借契約書に有益費償還請求放棄の特約を定めているのであれば、この特約は有効となるため、本ケースでは、借主に対して内装の工事費用を支払う必要はありません。

建物の賃貸借では、最初は全く何もない状態で貸していた部屋に、借主が物を取り付けるなどの方法で賃借物件の価値を高めた場合、借主は、契約終了時にその費用（有益費）を貸主に請求することが可能です。また、貸主の同意を得て借主が造作を取り付けた場合には、契約終了時にその造作を買い取ってもらうよう貸主に請求できます（前ページ）。

しかし、有益費償還請求や造作買取請求権は、特約であらかじめ放棄（排除）することができます。有益費償還請求に関する民法の規定は、当事者の意思が優先する任意規定であると考えられているからです。また、借地借家法では造作買取請求を放棄する特約を有効と定めています。結論としては、契約書の中で有益費償還請求放棄の特約を定めていれば、有益費を借主に返還する必要は全くないといえます。

退去の立会に借主が現れず残置物がでたような場合に、後始末はどうすればよいのでしょうか。死亡や行方不明の場合はどうすればよいのでしょうか。

借主の合意が得られない場合には、必要に応じて訴訟により撤去を行います。

借主が退去した後に、片付けないで残置物を遺して退去してしまう借主がいます。そのような場合であっても、貸主の側が認識しておかなければならないことは、貸主が勝手に処分することはできないということです。不用品に見えたとしても、あくまでも部屋にある残置物の所有者は退去した借主であり、これを勝手に処分すると、所有権の侵害に基づく損害賠償責任を負わなければならないおそれがあります。

残置物の処理には、①借主の合意を得た上で処分する、②訴訟を起こし強制執行により処分するという方法をとる必要があります。まず、借主の合意を得て処分する方法は、特別な法的な手続きは不要です。しかし、合意の書面を取り交わすとともに費用負担について取り決めておかないと、思わぬトラブルにつながる恐れがあります。

次に、訴訟を起こして強制執行する処分については、残置物がある状態は、契約が終了したのに部屋の明渡しが終わっていない状態といえるため、まず建物の明渡しを求める訴訟を提起します。

この訴訟で勝訴した後に、撤去した残置物は一応競売にかけられますが、多くの場合は貸主が落札後、処分・廃棄という流れをたどります。

●借主が行方不明の場合

借主が音信不通で行方がわからなくなった場合、貸主としては部屋を片付けたいところですが、不用意に部屋の残置物を撤去してはいけません。入居者が戻ってきた場合、違法な自力救済として損害賠償請求をされるおそれがあるからです。行方不明の入居者が出た場合に迅速かつ適切に対応できるように契約書を工夫しましょう。具体的には、行方不明の場合に契約を解除できる旨の条項を入れ、併せて解除通知の送付先を規定しておきます。実務上は、「入居者が無断で１か月不在にした場合」に契約を解除できるとしているものが多いようです。契約を解除した後は、行方不明の入居者が残していった残置物の処分をどうするかが問題になります。残置物については入居者に所有権があるため、勝手に処分すると他人の財産を勝手に処分したことになり、貸主は損害賠償責任などを問われる可能性があります。

契約の解除後に行方不明の入居者が見つかったのであれば、本人に部屋の荷物を引き取るように求めましょう。求めに応じない場合は、代わりに部屋の中の動産、造作についての所有権を放棄するという確認書を書いてもらうようにしましょう。この確認書があれば、貸主は残置物を自由に撤去・処分できます。

なお、残置物の処分費用は、原状回復費用に含まれるので敷金から差し引くなどの方法で入居者に負担させます。一方、契約解除後も入居者が見つからない場合は、借主が意図的に残置物を遺して退去した場合と同様に訴訟を提起して、明渡しを命じる判決を得て強制執行を実施し、執行官に撤去してもらいましょう。

なお、滞納している賃料があれば、裁判の際にその支払いを命じる判決も取得しておくとよいでしょう。そして、建物明渡しの強制執行の申立てと同時に動産執行の申立てを行い、動産（家財道具）の競売代金から滞納分の賃料を回収します。

部屋を貸した者が無断転貸をしており、借主とは別人が居住していました。賃貸借契約を解除することは可能でしょうか。

家主は契約を解除した上で部屋の明渡しを請求することができます。

本ケースの場合、部屋の明渡しを請求することができます。借主は、家主の承諾がなければ他人に部屋を転貸することができず、借主が家主の承諾なく他人に転貸した場合、家主は賃貸借契約を解除することができます。

借主（転貸人）の無断転貸を理由に家主（所有者）が賃貸借契約を解除するためには、転借人が独立して使用収益している状態であることが必要です。本ケースの場合、貸した者が別人に転貸する際に、家主の承諾を得ていません。したがって、無断転貸を理由に契約を解除することが可能になり、建物の明渡しを請求することができます。

現在の居住者は、家主とは別人から部屋を借りることができたと思っていても、その人にはその部屋を他人に貸す権利がそもそもないため、賃貸借契約には正当な権利が発生しません。このため、家主からの明渡請求を受けた場合、現在の居住者は部屋を明け渡さなければなりません。

なお、家主と部屋を貸した者との賃貸借契約が定期借家契約である場合も考えられますが、たとえ定期借家契約の場合であっても、現在の居住者が親族であるなどの特別な事情がない限り、無断転貸については契約を解除することができます。

借主が転勤している期間、借主の友人がマンションに住む場合、また貸しにあたりますか。家主は承諾しなければなりませんか。

居住理由が留守番なのか転貸に該当するかで、家主の承諾の要否は変わります。

本ケースのように代わりに住む人が、単なる留守番なのか、それともマンションのまた貸し、つまり転貸にあたるのかが問題となります。転貸にあたる場合、家主に無断で行っている（無断転貸）のであれば、家主（所有者）は賃借人（借主）との賃貸借契約を解約できる可能性があります。契約を解約すると、借主の友人はそもそもマンションに居られる理由がなくなり、退去せざるを得なくなります。そのため、転貸にあたる場合は、必ず事前に家主が承諾を求められていることが必要です。

一方、単なる留守番である場合は、家主の承諾は不要です。留守番か転貸かは、住むことを目的としない純粋な留守番なのかどうかを客観的に見て判断することになります。たとえば、表札の名前が変更されている場合や、賃借人に友人が家賃を支払っている場合などは、単なる留守番とはいえず、転貸にあたるといえるため、家主が承諾していない限り無断転貸となります。

なお、友人が留守番として転勤する借主から報酬を受け取っている場合は、友人の居住について家主が承諾を与える必要はりません。ただ、その場合でも、誤解を生まないように、友人が留守番にすぎないことを借主から報告を受けておく方が、家主にとってもよいといえるでしょう。

借主が無断で行った転貸について、家主が注意や警告を行わなかった場合、家主は転貸を承諾したことになるのでしょうか。

家主が注意等を行わないからといって、当然に転貸を認めたことにはなりません。

家主が何の注意も行わないからといって転貸を黙認していると判断されるわけではありません。家主が転貸を知っているのかどうか、または知っていて承諾（黙認）しているのかどうかによって扱いが異なることになります。

原則として、借主が借家を転貸する場合は、必ず家主が承諾を与えていることが必要です。ただし、家主が、入居者が代わったことに気づいているにもかかわらず、何の注意も行っていないという事実が判明すれば、家主が借主の転貸を承諾したものとみなされる場合があります。

一方、家主が単に転貸に気づいておらず、後に知った場合は別です。家主が無断転貸を知った後に契約の解除を通告した際には、転借人は退去しなければなりません。無断転貸が行われた場合は、家主（所有者）と借主（転貸人）との信頼関係が壊れ、その後の契約関係を維持するのが難しくなるため、家主が解除権を行使することが認められているのです。したがって、転貸する場合は、借主は必ず事前に家主の承諾を得ておかなければなりません。家主が何も言っていないからといって、当然に「無断転貸を黙示で承諾している」などと判断されるわけではありません。

賃貸マンションで借主が個人事業を行っていますが、無断で株式会社へ変更しようとした場合には、無断転貸にあたり契約を解除することはできるのでしょうか。

引き続き借主自らが使用し、使用形態に変動がなければ転貸にはならず、契約解除を行うことはできません。

家主は無断転貸を理由に契約を解除することができます。このように、原則として承諾のない転貸借は賃貸借の解除の理由になるものの、本ケースの場合のように会社名義に変更した場合も無断転貸にあたるのかどうかはまた別問題です。

会社への組織変更などの場合に無断転貸に該当するかは、実質的に部屋の使用形態に変動が生じているかを基準にして判断します。たとえば、従来部屋を使用していた者以外の人間を新しく役員にして人の出入りが著しく増えたことや、株主総会や社員総会の実施または従業員の増加で設備を増強したことなどの事情がない限り、部屋の使用形態に変動が生じているとはいえません。変動の事実が認められない場合は、会社への組織変更があったとしても無断転貸にあたらず、家主は契約解除ができません。

本ケースの場合、会社形態でも同じ使用目的での使用を続け、個人事業のときと同じ業務を変わらず続けているのであれば、無断転貸にはなりません。この場合、家主は契約を解除することができないといえます。それでもなお、家主が契約を解除しようとすると、権利の濫用として許されないとされる場合があるため注意が必要です。

アパートの賃貸借契約を結び、借主が敷金や家賃を支払っている状態で、入居後すぐに解約を申し出た場合、敷金や家賃の全額返却の希望に応じなくてはならないのでしょうか。

賃貸借契約書の中に解約条項がある場合には、一定額を返還しなければなりません。

支払った敷金や家賃の一部を返還しなければならない可能性はありますが、全額返還は不要でしょう。いったん賃貸借契約を結ぶと、原則として、借主・貸主の双方とも、契約期間中の解約ができないということを認識させる必要があります。

借主が契約期間中に解約する（中途解約）のであれば、契約書の条項の中に「解約の申入れ」や「期間内解約」などの取り決めが規定されている必要があります。この規定を解約条項（中途解約条項）といいます。たとえば、「借家人は１か月の予告期間を置いて契約を解約できる。なお、予告期間が１か月に満たないときは、借家人は１か月に不足する日数に相当する賃料を貸主に支払うことにより本契約を終了させることができる」などの条項があれば、借主は契約期間中であっても、解約条項に基づいて契約を解約することができます。

本ケースでは、敷金の全額（敷金から一定額を差し引く契約条項があればその差引残額）と前家賃分から予告期間に不足する分の家賃を差し引いた金額について、貸主は返還しなければなりません。しかし、解約条項がない場合は、当事者の都合で契約期間中の勝手な解約はできません。借主がどうしても解約したいと申し出たときは、違約金の支払いを条件としてもよいでしょう。

家主が通告した督促期限より3日後に借主が滞納していた3か月分の家賃を支払った場合に、退室を求めることは可能なのでしょうか。

家賃の支払いが解除通知をする前であれば、原則として退去を求めることはできません。

借主（借家人）には、原則として毎月家賃を支払う義務があるため、家賃の滞納は重大な義務違反です。したがって、滞納が長く続くと、家主は督促状を送るなどして催促を行い、それでも支払いがなければ契約解除を行います。家主にとって、家賃は建物の維持費や自分の生活費として不可欠です。家賃が滞ることは重大な問題であり、家賃滞納が長引くようであれば、借主との契約を解除したいと考えるのは当然といえるでしょう。

しかし、多くの場合は家賃滞納に対する「相当な猶予期間」が設けられています。そして、相当な猶予期間をおいて催促したにもかかわらず、なお支払われなかった場合に限り、家主は契約を解除することが認められています。もっとも、本ケースでは、家賃の支払日が「督促期限より３日後」であって、猶予期間を過ぎています。よって、家主が契約解除を行える状況ですが、解除通知のなされる前に借主が支払っています。この場合、貸主が契約を解除して借主を退去させることは困難だといえます。

なお、契約時に「借家人が家賃を１回でも滞納したときは、家主は何らの催促を要せず、直ちに賃貸借契約を解除することができる」という趣旨の無催告解除特約は、借主に著しく不利なものとして無効となる可能性が高いといえます。

家主の変更にあたり借主の許可は必要ですか。また、賃借権の無断譲渡などによって借主の変更を認めなければならないのでしょうか。

家主の変更に借主の承諾は要りませんが家主の承諾のない借主の変更はできません。

本ケースのように、家主の死亡や賃貸している建物の譲渡などによって、家主そのものが代わった場合であっても、借主の保持する権利には特別の影響はありません。

建物を使用させるなど、家主としての義務を果たすのはどのような人でも可能であり、借主にしても、借家をこれまで通りに使用することができれば何の問題もないといえます。したがって、家主の変更について、借主の承諾を得る必要はありません。ただし、新しい家主が家賃を請求する際は、新しい支払先を借主に通知するとともに、建物の登記を取得しなければなりません。

一方、借主が賃借権を第三者に譲渡する場合は、必ず家主が承諾を与える必要があります。新たな借主が家賃を毎月支払うだけの経済力を保持しているか、または建物を乱暴に扱わないかなどの心配事は、すべて借主の人柄次第といえるためです。

なお、契約の際に連帯保証人を立てさせることがありますが、これは借主が家賃を支払わないなど、契約の内容を守らなかった場合に備えるためです。

このように、家主と借主は信頼関係によって結びついていますから、借主は、家主の承諾を得ずに、無断で賃借権を譲渡することや、転貸（また貸し）をすることはできません。

賃貸中の建物の売却等を行っても、依然として売主が貸主であり続けることはできますか。また、修繕費用の負担についてはどのように扱われますか。

売主が貸主のままでいることも可能です。また修繕費用は原則、買主が負担します。

平成29年の民法改正では、賃借人が不動産の賃貸借に関する対抗要件（賃借権の登記、建物の引渡しなど）を取得した後に、賃貸中の不動産が賃貸人（売主）から第三者（買主）に譲渡（売却）された場合は、賃借人が同意したか否かに関係なく、賃貸人の地位が第三者（譲受人）に移転すると規定しています。賃借人にとって、必ずしも賃貸人が誰であるのかということが重要でないからです。そのため、賃借人の同意がなくても、賃貸人と第三者の合意によって、賃貸人の地位を第三者に移転できると規定しています。ただし、第三者は、譲り受けた不動産について所有権移転登記をしなければ、賃貸人の地位を賃借人に対して主張することができません。

反対に、建物の賃貸人（売主）と第三者（買主）との間で、賃貸借契約が存在する間は、賃貸人の地位を売主のままにしておくという取り決めを行うことも可能であると規定しています。当事者間でこのような取決めが行われていれば、本ケースでも売主が賃貸人のままでいることも可能です。また、管理委託業務を行うために、形式的に賃貸借契約を締結した場合には、管理業務を行う人は、建物の所有権を取得できないため、依然として元の賃貸人の地位が移るということはありません。

賃貸中の建物の譲渡が行われた場合、賃借人が支払った必要費や有益費については、譲渡人（売主）と譲受人（買主）のどちらが賃借人に返還する必要があるのでしょうか。民法は、賃借人が賃借物について修繕費を支出した場合、譲受人（買主）がその費用を負担すると規定しています。この規定は、主に賃借人を保護する規定です。建物の譲渡により賃貸借契約の関係から離れた元の賃貸人（売主）に対して、修繕費を請求しなければならないというのでは、借主が建物の譲渡後も元の賃貸人の動向に注視し、修繕費用を請求しなければならないとの負担を負うことになるため、修繕費の負担も譲受人（買主）に移転する旨の規定を置いているということです。

また、修繕費用を賃貸人が負担しないという特約を結ぶことは可能なのでしょうか。この点は、修繕費の内容が有益費であるのか、それとも必要費であるのかによって区別されると考えられます。特に必要費は、賃貸建物の価値を増加させるために支出される有益費とは異なり、支出しなければ賃貸建物の通常使用に影響が出るものです。つまり、賃貸人の基本的義務である、賃貸物を使用・収益させる義務に関わる費用であるため、特約によって貸主が負担しないとすることは許されません。一方、有益費を貸主が負担しないとする有益費償還請求権の排除特約は有効です。

■ 賃貸中の建物が譲渡された場合の賃貸人の地位

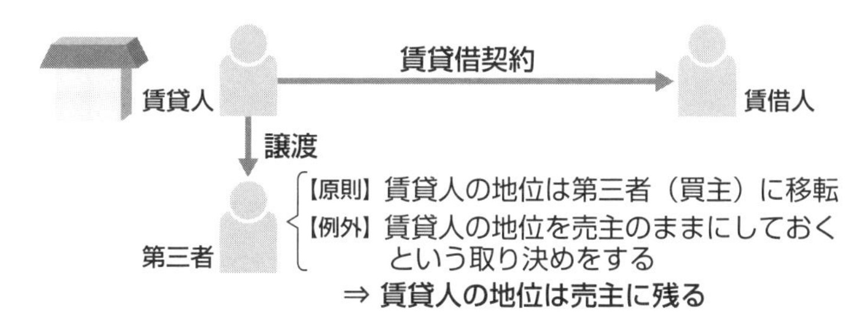

契約の途中で定期借家権に切り替えることはできるのでしょうか。

借主の合意を得た上で、定期借家権に切り替えることができる場合があります。

定期借家契約とは、契約で定めた期間が満了すると、更新することなく契約が終了する借家契約をいいます。定期借家契約は、たとえば単身赴任などで、限定した期間の借家を求める借主等にとって、比較的契約の縛りが緩やかな定期借家契約は利便性が高く、定期借家契約が用いられています。定期借家契約の契約期間が満了すると、原則として借主は居室を退去しなければなりません。定期借家契約では期間満了後に原則として契約は終了するので、更新の拒絶に、貸主の正当事由が必要ありません。

それでは、既存の普通借家契約を定期借家契約に切り替えることはできるのでしょうか。定期借家制度は平成12年３月に創設された制度ですので、それ以前に締結した借家契約については、正当事由がない限り原則として終了しないという期待の下で、契約を結んでいると考えられるため、定期借家契約に切り替えることはできません。

したがって、平成12年３月以降に契約をした居住用建物の賃貸借契約については、当事者がこれまでの普通借家契約を合意解約し、新たに定期借家契約を締結することで切り替えることが可能です。しかし、貸主が定期借家契約の締結を強制することはできず、借主の合意を得た上で切り替えを行う必要があります。

権利金・礼金・敷金とは、それぞれどのような違いがあるのでしょうか。

返還されるかどうか、高額であるかどうか、という点が大きな違いです。

家屋や店舗、土地を対象とした賃貸借契約を交わす際によく聞かれるのが権利金という言葉です。一般の場合、居住目的の賃貸借では権利金が要求されることはほとんどなく、主に営業目的の賃貸借、あるいは土地を賃貸する場合に権利金が授受されることが多いようです。また農村部ではほとんど見られず、主に都市部で広く見られる社会的慣行ということができます。

賃貸借契約を行う際には、賃貸料の他にも権利金、保証金、敷金、礼金、建設協力金といった名目での金銭が支払われるケースが多く見かけられます。このうち契約が終わった時点で返還されるものとしては敷金や保証金があり、返還されないものとしては礼金があります。しかし、権利金の場合には返還される場合とされない場合とがあるため、契約を行う際には注意が必要です。権利金の額を算出する基準はあまり明確ではなく、貸主と借主の話し合いで決定されることが多いようです。

●権利金・礼金・敷金はどう違う

礼金はアパートを賃貸する際に授受されることが多い金銭です。礼金の大きな特徴は、借主の退去時に返還しないということです。礼金という名称が示す通り、賃貸したことのお礼として借主が貸主に払うものです。また、敷金とは、未払賃金や部屋の修繕費にあてるために、借主が貸主に預けておく金銭のことです。必要な費用を差し引いて残った額は退去時に返還してもらえます。

権利金は、礼金や敷金に比べ、高額な金銭が設定されることが一般的です。営業権の価値の見返りといった性格があり、賃貸される物件で高収入を得る可能性が大きいほど、権利金の割合も上がってきます。その他にも、賃料の前払いとして納められる場合もあれば、「場所的な利益の対価」として支払われることもあります。賃貸期間に応じて返還されることもあります。

権利金の定義は、今ひとつあいまいなため、時には返還をめぐって訴訟に発展することもあります。特に「契約金」などと銘打って大金を貸主に支払った場合、これを礼金とみなすか権利金とみなすかが返還の有無に大きく左右してきます。

●権利金条項を契約書に盛り込む

権利金と一口に言っても様々な種類があるので、賃貸借の契約を行うときには、権利金がどのような種類のものであるのか、返還するのかしないのか、返還する場合には、具体的にはどの程度の金額をいつ返済するのかといった事項を明確に書面にしておくことが大切です。

■ 契約の際に提供される様々な名目の金銭

名　目	内　容
敷　金	通常、借家契約の際に借主が、家主に対して預けるお金のこと。家賃の滞納や故意による損壊があると、差し引かれる。
権利金	借地権を設定するための対価または借家契約の対価として支払われる金銭。
保証金	契約を守ることを担保するために支払うお金。敷金とほぼ同じ意味で使われることもあるが、貸付金として後で返還されるものもある。
礼　金	借家契約の際に家主に支払う金銭の一種。敷金や保証金と異なり、契約期間が終了しても返還されない。

貸主は預かった敷金を必ず返還しなければならないのでしょうか。また返還時期について規定はどのようになっているのでしょうか。

借主の落ち度による破損や汚れの修繕に必要な範囲で返還義務を免れます。

平成29年の民法改正では、これまで明らかではなかった敷金の定義規定を設けて、敷金とは「いかなる名目によるかを問わず、賃料債務その他の賃貸借に基づいて生ずる賃借人の賃貸人に対する金銭の給付を目的とする債務を担保する目的で、賃借人が賃貸人に交付する金銭をいう」という規定を新設しました。

敷金の返還時期に関しても、賃貸借契約終了時なのか、建物等の明渡時なのかについて争いがあり、判例や実務は明渡時に返還すればよいという運用を行ってきました。しかし、賃貸借契約については敷金にまつわるトラブルが非常に多かったことから、敷金の返還時期についても、賃貸借契約が終了し、かつ、賃貸目的物が返還される時期であるという規定を新設しました。

貸家から賃借人が建物を引き払う際に、敷金が返還されるわけですが、賃貸人が敷金の返還義務を一部または全部を免れる場合があります。それは、賃借人の落ち度によって建物が破損していたり汚れていた場合であり、敷金から破損・汚損の修繕費用を差し引いて、残額のみを賃借人に返還することになります。ただし敷金から差し引いてよい修繕費用は、原則として賃借人の落ち度により必要になった修繕費用だけです。賃借人が普通に使用しており、賃借人の使用方法とは関係なく建物が劣化して修理が必要になった場合（通常損耗・経年変化）には、その修繕費用を敷金から差し引くことはできません。そこで賃借人の入居時に、建物の状態を書面化しておくことで、敷金から差し引く建物の修繕額を算定する際に役立ちます。元からあった汚れなのか、賃借人の落ち度によって生じた汚れなのかを、入居時の記録と比較することで明らかにでき、建物の破損などが賃借人の落ち度によるものかどうかというトラブルを防ぐことが可能になります。

また、平成29年の民法改正では、敷金について実務上争いが生じていた詳細な項目も規定しています。まず、賃借人が賃貸人の同意を得て、適法に賃借権を第三者に譲渡した場合に、賃借人は敷金の返還を求めることができることを明記しました。

さらに、敷金の賃料債務等を担保するという法的性質が明らかにされていますので、賃借人が「賃貸借に基づいて生じた金銭の給付を目的とする債務」を履行しないときは、賃貸人が、敷金をその債務の弁済に充てることができることを明記しました。

もっとも、賃借人が賃料債務等を履行しないときに、賃借人の側から、差し入れておいた敷金によって、この債務の弁済に充てるよう請求することはできません。つまり、賃貸借契約に基づく賃借人の債務と敷金返還請求権との相殺を禁止しています。

■ 敷金の返還

賃貸人　　賃借人

賃貸借契約

敷金

【原則】賃貸借契約終了後、建物の明渡時に返還義務を負う
⇒ 賃借人の落ち度による建物の破損・汚れがある場合、
敷金から修繕費用を差し引いて残額のみを返還する

※賃借人が賃貸借に基づく債務（賃料債務など）を履行しないときは、
賃貸人は敷金をその債務の弁済に充てることができる

保証金とはどのようなお金なのでしょうか。

敷金の性質を有する預かり金のことをいいます。

貸主が借主から受け取った金銭の性格は、契約の当事者がどのような意思を持っていたかによって決まります。通常、「保証金」と呼ばれるものは敷金としての性質を有し、「権利金」と呼ばれるものは礼金としての性質を有します。敷金としての性質をもつならば、建物の明渡時に貸主の損失を差し引いて借主に返す必要がありますし、礼金としての性質をもつのであれば、借主に返す必要はありません。

保証金一般に共通していえることは「借主が貸主に迷惑をかけないことを保証するためのお金」が保証金だということです。この場合、保証金は預かり金（借主が、賃料を支払わない場合、賃貸物件を破損した場合などに備えて支払うもの）としての性格を強く持っています。

●保証金の性格

預かり金としての保証金の場合、万が一借主が賃料を支払わなかったり賃貸物件を破損した際に、保証金から損害分を差し引くことができます。この保証金で問題になるのは返済期限と返済金額ですが、たいていは７年〜10年が期限として設定されるようです。返済の方法としては長期分割払い方式が採用されることが多くなっています。いずれにせよ、保証金の性質、返還の必要性、返還金額と返還期間、無利息か否かは、すべて契約内容によって決まります。したがって、契約書には、建設協力金（ビルを建設する際に、貸主が、入居予定の借主から建設費用として受け取るもの）か単なる保証金なのか、保証金差入れの趣旨、保証金を全額償却してよいのか、全部あるいは一部を返還するのか、返還するとすれば長期の分割か一括か、金利の有無などを具体的にかつ明確に記載する必要があります。

●返還は明渡しと同時とは限らない

賃貸借契約を交わす際にしっかりと確認しておきたいのが保証金の返還についてです。保証金を貸付金として納めている場合には、一定期限を定めて物件の貸主が借主に対してお金を返還しなければなりません。保証金は権利金と違い、基本的には借主に返還することになっています。

ただ、保証金は敷金と違い、必ずしも明渡しと同時に返還が行われるわけではありません。賃貸借がたとえ３年で終わってしまっても、保証金の返還時期が契約後７年と定められている場合には、それより前に貸主が保証金を返還する義務はありません。さらに契約時に明記しておけば、保証金は一括返還せずに分割して返還することも可能です。

■ 保証金の償却などについての規定例

（規定例その１）

第○条（保証金の償却）

保証金については、年５％の割合で償却する。契約更新時には、借主は償却された保証金に相当する金額を、新たに保証金として貸主に支払う。

（規定例その２）

第○条（保証金の償却）

保証金については、解約時に１か月分の賃料に相当する金額を償却する。

※規定例その１では、契約更新の際に借主は新たに保証金を支払う必要がある。
規定例その２では契約更新時に新たに保証金を提供する必要はなく、賃貸借契約の解約時にのみ保証金が償却される。

借主が退去する場合に、入居する前と全く同じ状態にまできれいにしてから部屋を返還することを求めることは可能でしょうか。

入居前と完全に同じ状態にすることまで求めることはできません。

原状回復とは、借主が賃借物を原状に回復し、附属させた物を取り去ることをいいます。賃借物の使用は賃借人の権利ですが、借主は、賃借物をその性質によって定まった用法に従って使用しなければなりませんし、契約終了後は、元の状態に戻して返還しなければならず、借主が原状回復義務を負うことが平成29年の民法改正では明らかにされました。

●どこまでが原状回復義務に含まれるのか

厳密な意味での原状回復義務とは、「借主は、退居する際に家具などの荷物やエアコンを取り除き、次の借主が入居できるようにしておかなければならない」というものです。

注意したいのは、何も借主は賃借物である建物を自分が入居する前と全く同じ状態にまで戻して出て行く必要がある、と決められているわけではないということです。借主に対して「あなたが住む前と同じ状態に戻さなければならないから、敷金は返すことができない」というような過度な原状回復を要求すると、トラブルになりかねません。

ただ、「家具などの荷物やエアコンを取り除くだけ」というのは、あくまで法律上想定されている狭い意味での原状回復義務です。借主には、借りた部屋を丁寧に使用しなければならず、常識の範囲内で建物の利用については注意を払う義務（善管注意義務）がありますが、一般的に貸主が想定している原状回復義務は、このような善管注意義務の意味合いも含めているといってよいでしょう。つまり、借主が通常気をつけるべき注意を怠って部屋を破損・汚損した場合には、それを復旧させることも原状回復義務に含まれるということです。実際には、借主の退去後に貸主が復旧させることになりますから、復旧にかかった費用を敷金から差し引くことになります。

ただ、借主はそこまで想定しておらず、借主と貸主の間で、原状回復義務とされる範囲について認識にズレが起こることがあります。原状回復については、契約時にどこまでが借主の負担となるのかについて貸主と話し合い、書面にしておくことが大切です。

●契約時に原状回復条件を定めておく

退去時の原状回復による費用負担のトラブルを防ぐためには、入居時の賃貸借契約締結の段階で、原状回復の費用負担を詳細に定め、原状回復工事にかかる費用についても、貸主・借主間で合意しておくのがよいでしょう。

原状回復工事にかかる費用の目安については、後で大きく変わるとトラブルになるので、あくまでも目安であることを伝え、わかる範囲で記載します。特約については、民法や借地借家法、消費者契約法などの規定に反しないようにします。契約時に原状回復費用についての明確なルールを定めておくことで、退去時の原状回復および敷金からの差引額をめぐるトラブルの予防につながります。

また、借主の退去時には、契約時に合意した原状回復の条件に沿って、精算時の明細書を作成して借主に交付すれば、多くの原状回復をめぐるトラブルを回避することができます。

退去にあたり、壁紙等の汚れについて「壁紙の取替費用を敷金から差し引く」と伝えることは可能でしょうか。

通常損耗・経年変化といえる程度の汚れかどうかが判断のポイントになります。

建物の原状回復費用を誰がどのように負担するかという問題は、借主から預かった敷金からそれを差し引こうとするときに顕著に現れるといえます。

しかし、差し引かれる金額をめぐりしばしばトラブルが生じます。特約等で契約の中ではっきり定めておけば問題は少ないのですが、定めがあいまいな場合もよくあるからです。

平成29年の民法改正では、原状回復義務について規定を新設し、目的物に生じた損傷が「通常の使用及び収益によって生じた賃借物の損耗並びに賃借物の経年変化」を除くものである場合に、賃借人に原状回復義務を負わせることを明らかにしました。もっとも、損傷が賃借人の帰責事由（落ち度）により生じたものでない場合には、賃借人に原状回復義務を問うことはできません。この問題については、国土交通省が定めた「原状回復をめぐるトラブルとガイドライン（再改訂版）」というガイドラインが参考になります。

●国土交通省のガイドラインで基準が定められている

原状回復の範囲をめぐっては当事者間でトラブルがよく起きるため、国土交通省は、建物の劣化の種類と修繕義務について、上記のガイドラインを定めています。

①　経年変化

経年変化とは、年数を経ることで発生する汚れや傷のことです。たとえば畳や壁紙の日焼けがあてはまります。人が住んでいる・いないにかかわらず発生する建物の劣化が、経年変化の対象です。これらは当然、家主が修繕義務を負います。

②　通常損耗

通常損耗とは、通常に建物を使用する範囲内で発生する建物の損傷や劣化をさします。たとえば畳のすれや壁紙の汚れが、通常損耗と認められており、これらも家主が修繕費用を負担します。ただし、たいていの場合、経年変化や通常損耗レベルの修繕費用は、前もって家賃に含まれている場合が多いといえます。

③　借主の故意や過失による損耗

借主が、通常の生活を営む範囲を超えた使い方をしたり、故意や過失、注意義務違反によって、傷や汚れをつけた場合は、その修繕費用は借主の負担になります。借主の故意（わざと）や過失（不注意のこと）による損耗には、子どもの落書きやペットの作った傷や汚れなどが挙げられます。

■ 家屋の損耗の区別

	内　容
経年変化	畳や壁紙の日焼けなど、年数を経ることで発生する汚れや傷のこと。これらは家主が修繕義務を負担する。
通常損耗	通常に建物を使用する範囲内で発生する建物の損傷や劣化のこと、これらも家主が修繕義務を負担する。
借主の故意や過失による損耗	通常の使用方法を超えた使い方をした場合や故意や過失、注意義務違反などによって傷や汚れをつけた場合は、その修繕費用は借主の負担となる。

敷金の精算の際、クリーニング代はどの程度差し引いてよいのでしょうか。

原則として差し引くことはできませんが、特約等の例外的な事情があれば可能です。

敷金は、入居時に借主が貸主に対して支払う金銭であり、賃貸借契約が終了して借主が建物を明け渡した後、未払賃料や原状回復費用等を差し引いた残額が借主に返還されることが予定されています（133ページ）。つまり、居室の明渡時点までの債権を担保する役割があります。

居室のクリーニング代の差引きについては、それが原状回復費用の範囲として、差引きが許されるのかという問題に行き着くことになります。原状回復をめぐっては、「原状回復をめぐるトラブルとガイドライン（再改訂版）」が国土交通省から発表されていますが、ガイドラインでは、クリーニング費用は、原則として原状回復義務の範囲外として扱われています。つまり、クリーニング代を敷金から差し引くことはできないということになります。

もっとも、クリーニングが必要になった原因が借主の故意の場合などには、借主が責任を負う可能性があります。また、賃貸借契約の中で、特約を結んでいる場合には、クリーニング代を借主が負担することもあり得ますので、敷金からの差引きが認められる場合があります。なお、クリーニング費用を借主が負担する特約の有効性については、特約の必要性があるか、借主負担の費用の範囲が明確か否かにより判断されます。

退去時の立ち合いをしたところ、部屋タバコのヤニがひどいのですが、敷金から費用を差し引いてよいのでしょうか。

借主の費用でヤニ汚れを除去すべきですので、敷金から差し引くことが可能です。

賃貸借契約が終了し、退去する場合に、借主は居室を原状回復して返還する義務を負います。自然損耗については、貸主が修繕を行う義務があります。そのため、借主が故意や過失によって傷や汚れを作ってしまった場合でも、それが自然損耗のレベルのものであれば、借主は修繕費を支払う必要はないわけです。

一般的に自然損耗と認められるのは、畳や壁紙の変色の他にも、壁のポスター跡や、画鋲跡のような軽度の穴です。逆に自然損耗ではない、子どもの落書きやペットの作った傷、引越しの際に作った傷のような、通常では発生しない程度の劣化がある場合や、タバコの火による床の損傷については、借主に修繕義務が発生します。

また、タバコに関して喫煙者が減少している社会状況が考慮され、平成23年に改訂された「原状回復をめぐるトラブルとガイドライン（再改訂版）」においては、喫煙等によりクロス等がヤニで変色したりにおいが付着している場合は、通常の使用による汚損を超えると判断するケースが多い取扱いになっています。ヤニ汚れだけではなく、においが付着した場合でも、次の借主が見つかりにくい原因になりかねないことを考慮して、原状回復工事に必要な費用を借主が負担しなければなりません。

ペットによる傷や地震による家具転倒についての損害費用も敷金から差し引いてよいのでしょうか。

ペットがつけた傷の修繕は、地震による損傷と異なり、敷金から差引き可能です。

ペットが、賃貸借契約の目的物である居室に、何らかの損傷を与える要因として２つ考えられます。１つ目はペットがつけた壁等に対する傷です。物件に対して傷がついてしまうと、敷金から引かれる可能性があります。もう１つはにおいです。ペットの中には、においが強い動物や尿などのにおいが問題になります。居室を退去する時に、においが強く残っている場合には、ハウスクリーニングのための修繕費が高くなることがあり、敷金から引かれることになります。特に、本来はペットの飼育が禁止されている居室では、借主の負担が重くなる傾向にあります。

次に、地震等が発生した場合に、家具等が倒れ、居室を損傷した費用について、敷金から差し引くことは可能なのでしょうか。

まず、たとえば震度が６や７に達するような、大型の地震が起きたために、家具等が倒壊した場合には、通常想定がつくような事態ではありませんので、家具などにより居室に損傷等が起きたとしても、敷金から差し引くことはできません。

もっとも、小規模な地震であったにもかかわらず、家具等の設置方法に不注意があったといえる場合には、借主に落ち度が認められますので、居室の修繕費について、敷金からの差引きが認められる場合があります。

借主から敷引特約によって取得した金銭の返還を求められていますが、返還の必要はあるのでしょうか。

一定金額を控除して返還するか、契約書で明記すれば返還しないことも可能です。

敷引特約とは、退去する際に借主が一定額の敷金を貸主に返還することを、賃貸借契約時にあらかじめ約束しておく特約です。退去時の建物の状態にかかわらず、前もって修繕のために一定額の費用を敷金から差し引くことを決めておけば、後々敷金の返還の際にもめ事を避けることができるという考え方からできた特約です。差し引かれた金銭は、主に原状回復費用や空室損料（退去した部屋に次の入居者が入るまでの補償）に使われていますが、中には、契約が成立したことの貸主への礼金として扱われる場合もあります。そのため、特約で返還する敷金を減額しておきながら、退去時にはさらに修繕費を要求してくるケースも存在します。

また、敷引特約の有効性をめぐって多数の訴訟が提起され、下級審の見解も分かれました。最高裁判所は、平成23年３月24日、「敷引特約は不当に高額でない限り有効」という趣旨の判断をしました。その上で、礼金をもらわず、敷引金も月額賃料の２倍弱から3.5倍強にとどまっている敷引特約のケースについて「不当に高額ではない」として、敷引特約を有効としました。また、敷引金が借主に全く返還されないとする場合には、契約書において明記するとともに、借主に対して、十分な説明を行う必要があると考えられています。

借主が借金をしていたようで、「敷金返還請求権を差し押さえる」という内容の通知が届きました。滞納家賃などを差し引くことはできないのでしょうか。

賃貸借契約が優先されるため、滞納家賃などの控除は可能です。

敷金は借主にとって財産のひとつとみなされています。そのため、借主に借金があるケースでは、敷金が差押え（債権者が債務の弁済を受けるために、債務者の財産を勝手に処分できなくしてしまうこと）の対象になることもあります。たとえば、借主が税金を滞納していた場合、税務署は、その税金の支払に充てるために、敷金を差し押さえて自由に使用できない方法をとる場合があります。これを「敷金返還請求権の差押え」といいます。

敷金は通常、賃貸借契約成立時に貸主が借主から預かっていますから、貸主にも敷金返還請求権の差押えの通知が行われます。

平成29年の民法改正では、敷金が賃料債務その他の賃貸借に基づいて生ずる借主の貸主に対する金銭債務を担保する目的で預けられることが明記されました。そのため、問題となっている借主が家賃を滞納している場合や、部屋の修繕を行わなければならない場合などは、敷金から未払家賃や部屋の修繕費用を差し引いた残額を、税務署などの債権者へと引き渡すことになります。もちろん、最終的に敷金の残額がゼロやマイナスになってしまう場合には、貸主は債権者に対して何も支払う必要はありません。

なお、貸主の賃料債権が差し押さえられても、敷金の性質を考えると、貸主は滞納された賃料を敷金から回収可能といえます。

Column

賃料はどのように決めればよいのか

賃料はその地域ごとにある程度相場が決まっています。たとえば、家賃の相場については、近隣の賃貸物件の相場以外にも立地条件・建物の築年数・設備・利便性といった事情も考慮して決められるのが通常です。主に駅やスーパーが近場にある場合や、建物の高い階にあるほど賃料は高くなります。具体的な近隣の相場については、不動産会社をいくつか回れば把握することができます。

最近は、インターネットでも地域ごとの家賃相場は紹介されているので、貸主としては事前に下調べをしておきたいところです。相場の調査から家賃の査定まで、業者に依頼して調べてもらうのも１つの方法といえるでしょう。一般的には、家賃の額を決める際には、固定資産税（土地や家屋を所有している人がその資産価値に応じて納める税金のこと）の額の倍率を目安にして価格を設定する方法がよく使われています。

なお、この倍率についても地域によって差があります。特に首都圏の付近の土地に建っている建物となると、家賃の額も高くなります。その他、路線価（道路に面する土地の標準価格のこと）や公示価格（地価公示法に基づいて出される土地価格のこと）も、家賃を決定する際に参考になることがあります。

■ 賃料の相場

家賃の相場	・近隣の賃貸物件の相場 ・立地条件、建物の築年数、設備、利便性
地代の相場	・近隣の土地の相場 ・地質や周囲の環境、土地の使用用途 ・固定資産税相当額の倍率が目安
家賃・地代に共通する相場	・固定資産税の額の倍率が目安 ・路線価、公示価格

第3章

借地契約についての
トラブル

「土地は一度貸したら返ってこない」と言われるのはなぜでしょうか。

借地権の存続期間が原則として最低30年とされているからです。

借地契約とは、土地の所有者（地主）から土地を借りる契約のことをいいます。借地契約に基づいて土地を使用する権利を借地権といいます。

① 借地権の種類

借地権には、地上権と賃借権（土地賃借権）があります。地上権も賃借権も、工作物（建物など）を所有するために、他人の土地を使用することのできる権利であることは共通しています。

大きく違うところは、地上権の場合は地主の意思に関係なく自由に売ったり、抵当に入れることができるのに対して、賃借権の場合は他人に譲ったり、転貸（また貸し）するには地主の承諾が必要であるという点です。賃借権の場合、地主の承諾なく他人に譲ったり、また貸しすると契約は解除されて明渡しを請求されることもあります。地上権や賃借権は、それぞれ民法で規定されていますが、建物の所有を目的とする場合は、借地借家法の規定が優先されます。なお、現在の借地借家法は平成４年８月１日に施行されていますから、それより前に契約されたものについては借地法と借家法が適用されます。借地借家法と借地法、借家法では権利の存続期間などが違います。

② 借地権を主張する条件

借地権を第三者に主張するためには登記が必要ですが、地上権・賃借権のどちらも登記をすることができます。地上権の場合は、地主に登記をする義務がありますが、賃借権の場合は、必ず登記をしなければならないというわけではなく、地主が賃借人からの要請に協力して登記をする程度にとどまります。登記すると、第三者に対して「この権利は自分のものだ」と主張することができます。ただし、借地権の登記をしなくても、借地の上に建てた建物の登記をしておくと、借地借家法10条の規定により地上権・賃借権を登記した場合と同様に第三者に権利を主張できますので、必ず建物の登記をしておくべきです。

③　借地の存続期間

借地借家法では借地権の存続期間（契約期間）は最低30年です。存続期間が満了した場合には契約を更新することも可能です。その場合の存続期間は、最初の更新では最低20年、二度目以降の更新で最低10年になります。これらの期間は、契約でこれより長い期間にすることも可能です。期間を定めないで借地契約を結んだときには存続期間は30年とみなされます。

また、借地契約の中には一時使用目的で契約を結ぶものがあります。土地利用目的が臨時的なもので、土地建物の利用の性質上、その利用目的自体が、時間的に制約されているものが一時使用目的の借地権です。たとえば、博覧会や一時的な商品展示会場として、土地を賃借して利用する場合や、自己所有建物の増改築の期間中に限って、仮住まいの建物を立てるために土地を賃借したりして利用する場合などがあります。

さらに、利用の目的にあわせて借地権の存続期間を一定期間で明確に区切った借地契約も認められます。これが定期借地権です。現在の借地契約は定期借地権の形式で利用されることが多くなっています。

自分の所有する土地にマンションを建設し、自身も一室に居住しながら家賃収入で生活することを考えています。このように、自分の土地を自分で借りることは可能なのでしょうか。

土地の所有者が他人とともに借主となる場合は、自己借地権が認められます。

自分自身が、自身の所有する土地を借りるという行為は、一見不可能なようにも思えますが、借地借家法では「自己借地権」という権利が定められています。

自己借地権とは、土地の所有者が自己を借地人として、自己所有の土地に対して借地権をもつ場合のことです。

ただし、この自己借地権はすべてのケースにおいて認められるわけではありません。民法では、債権者と債務者が同じ人である場合は、その権利が消滅するとされています。自己借地権を安易に認めてしまうと、土地や建物の所有関係が混乱することが理由です。そのため、借地借家法では、自己借地権が認められるケースを限定しています。

具体的には、土地の所有者が、他人とその土地の借地権を共有する場合に自己借地権の設定が認められます。たとえば、自身が所有している土地に知人と共同でマンションを建設し、そのマンションに自身と知人が居住する場合などが挙げられます。この場合、貸主が自分自身で、借主が自身と知人になる場合は、自らが所有する土地を借りることが可能です。

このような要件を設けることで、分譲マンションを建築した上で居住をする際のトラブルを避けることができます。

定期借地権とはどんな権利なのでしょうか。

契約の更新や建物買取請求を排除して設定することができる借地権です。

定期借地権とは、一定の要件を満たした場合に認められる更新のない借地権のことをいいます。これによって借地の利用の幅を広げる効果があります。定期借地権は、契約の更新がなく、建物再築による存続期間の延長もなく、契約終了時の借地人からの建物買取請求も排除することができます。

定期借地権は、借地借家法で認められた制度です。通常の借地契約では、借地権の存続期間満了時に建物が存在し、地主に更新拒絶の正当事由がない場合には、契約が更新されることになっています。定期借地権は、このような契約更新を認めず、期間満了時には必ず地主に土地を返還するという条件がついた借地権です。地主への土地の返還が約束されるので、「借地にすると戻ってこない」というイメージから借地に慎重であった地主でも、柔軟に土地を運用することができます。借地料は通常の借地契約より安く設定されるので、借地人にとっては、期間は限られるが安い地代で土地を調達できるというメリットがあります。

定期借地権には一般定期借地権、事業用定期借地権、建物譲渡特約付借地権の３種類があります。

①　一般定期借地権

50年以上の存続期間を設定し、ⓐ契約の更新をしない、ⓑ建物再築による存続期間の延長をしない、ⓒ建物買取請求をしない、という３つの特約（３点セット特約）を定める借地権です。契約は書面で行わなければなりません。通常は公正証書を利用します。使用目的が居住用か事業用かの制限はありません。

② 事業用定期借地権

事業のための使用に限られた借地権です。ただし、建物の賃貸は事業として認められません。借地権の存続期間は10年以上50年未満で設定できます。事業用定期借地権の設定契約は、必ず公正証書によって行わなければなりません。事業用定期借地権は、契約期間が30年以上か30年未満かで成立要件が異なります。

③ 建物譲渡特約付借地権

期間満了時に、借地にある建物を地主が買いとる旨の特約がついた借地権です。存続期間は30年以上で設定します。業者が土地を借り、ビルやマンションを建てて、一定期間賃料収入を得た後は地主に売却するというビジネスモデルで建物譲渡特約付借地契約がよく利用されます。契約を書面ですべきとは定められていませんので、口頭でも契約は成立しますが、公正証書を利用するのが一般的です。使用目的が居住用か事業用かの制限はありません。

■ 契約の存続期間と終了

<table>
<tr><th rowspan="2"></th><th rowspan="2">普通借地権</th><th colspan="4">定期借地権</th></tr>
<tr><th>一般</th><th colspan="2">事業用（※）</th><th>建物譲渡特約付</th></tr>
<tr><td>借地権の存続期間</td><td>30年以上</td><td>50年以上</td><td>10年以上
30年未満</td><td>30年以上
50年未満</td><td>30年以上</td></tr>
<tr><td>契約の終了</td><td>存続期間満了
＋
正当理由</td><td>存続期間満了</td><td>存続期間満了</td><td>存続期間満了</td><td>借地権の建物を譲渡したとき</td></tr>
<tr><td>契約の方式</td><td>法律上は口頭でも可</td><td>公正証書などの書面で契約</td><td colspan="2">契約書を必ず公正証書にする</td><td>法律上は口頭でも可</td></tr>
</table>

（※）10年以上30年未満は３点セット特約を定めなくてよいが、30年以上50年未満は定める必要がある。

借地契約の更新について教えてください。

合意更新、法定更新、更新請求の３つの方法があります。

借地権の存続期間が満了しても、借地上に建物が存在する場合であって、借地人が契約の更新を請求したとき、あるいは土地の使用を継続するときは、それまでの契約と同一の条件で契約を更新したとみなされます。地主からの更新拒絶は正当事由が必要であるため（114ページ）、なかなか認められないのが実情です。

一方、期間満了で契約が終了して土地を返さなければならないが、借地上に建物が残っている場合や、借地権の譲渡・転貸の拒絶があった場合には、借地人は、地主に対して建物買取請求権（借地人が建てた建物を買い取ってくれるように地主に請求する権利）を行使することができます。

借地契約の更新には、以下のような場合があります。

①　合意更新

地主と借地人との間で話し合いの上、契約を更新することをいいます。実際には、合意更新で更新される場合がかなりの割合を占めています。合意更新の場合には、借地人がいくらかのお金を更新料として地主に支払うのが一般的です。

②　使用継続による法定更新

借地契約の期間が満了しても、借地上に建物が存在し、借地人がそのまま土地を使用し続けており、地主もこれを放置している

（正当事由のある異議を述べない）場合は、自動的に契約が更新されます。使用継続による更新が成立した場合、契約は従前と同じ条件で更新されることになります。

③　借地人からの請求による法定更新

借地人の側から積極的に更新を求めることをいいます。借地人からの更新請求は、ⓐ借地契約の期間が満了したこと、ⓑ借地上に建物があること、ⓒ借地人が期間満了前または期間満了後すぐに地主に対して更新を請求したことが要件になっています。更新を請求したいときは、「今後も土地を借り続けたい」と地主に伝えます。この請求に対して、地主が正当事由のある異議を述べないときは、従前と同じ条件で契約が更新されます。

①で記載した通り、基本的には合意更新をする場合に更新料を支払うことになりますが、②③の場合であっても、法定更新時の更新料の支払いについて特約があれば、地主が更新料を請求することが可能とされています。円満な関係を継続するため、借地人も更新料の支払いに応じてくれることが多いようです。

なお、更新料の金額については、契約の内容や建物の状況などの様々な要素をふまえて、地主と借地人の話し合いによって決定します。一般的には、借地権の価格や土地の更地価格を基準にして決定することが多くなっています。

■ 借地契約の法定更新の流れ

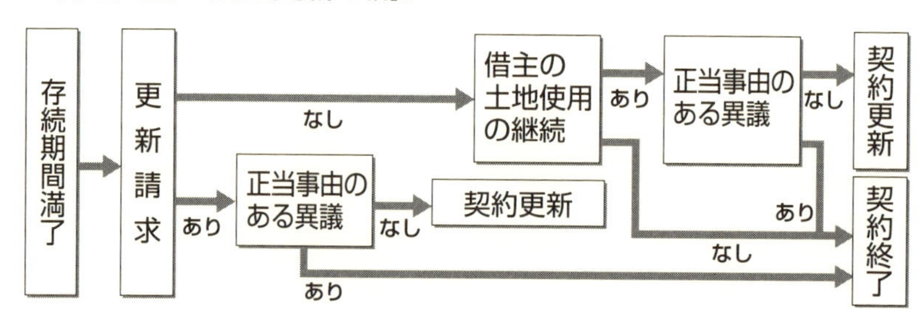

一時的借地権かどうかの判断はどのように行われるのでしょうか。

具体的な事情に応じて個別的に判断します。

一時的借地権（一時使用目的の借地権）とは、一時的に使用することを目的とする借地権のことをいいます。たとえば、選挙の時にプレハブで選挙事務所を作る場合、選挙事務所は一時的に建てているものなので、土地も一時的に使用することになります。このように、一時的に土地を使って、建物などを建てて使用することだと考えればよいでしょう。

借地借家法25条によると、一時的借地権を設定したことが明らかな場合には、借地権の長期存続の保証、契約の更新、建物買取請求、建物再築による存続期間の延長などの規定は適用されません。したがって、借地期間が満了すると借地権は消滅し、土地を明け渡さなければなりません。一時的借地権にあたるかどうかの判断基準ですが、契約書に「一時的」との記載があるかどうかという形式的なことではなく、契約締結当時の背景や、土地使用の目的・状態など具体的な事実を総合して判断することになります。

当事者間で定めた契約期間に争いがあり、裁判所の調停で契約期間を数年間と決められたようなときには、その借地権を一時的借地権と認定していることが多いようです。ただ、当初の契約を結んだ時の当事者間の交渉の内容や状況、建物の規模や使用状況などの諸事情もあわせて考慮されます。

30年前に締結した借地権契約を更新すると、借地権の存続期間はどのようになるのでしょうか。

本ケースには借地法が適用されるので、建物によって存続期間が異なります。

以前は建物所有を目的とする土地の賃貸借については、「借地法」が適用されていました。しかし、建物賃貸借と取扱いを一本化するために、平成４年８月１日に借地借家法が施行されました。このことから、いずれの法律が適用されるのかは、賃貸借契約を結んだ時が平成４年８月１日以後かどうかで決まります。本ケースのように、30年前に契約を結んでいる場合には、借地借家法ではなく、借地法が適用されることになります。

では、借地法の規定によると、借地権の存続期間はどうなっているのでしょうか。まず、借地法２条は、借地権の存続期間について、原則として、堅固建物（ビルなど）は60年、普通建物（一戸建の住宅など）は30年と規定しています。ただし、堅固建物は30年以上、普通建物は20年以上の存続期間を特約で定めることもできると規定しています。次に、更新後の存続期間は、借地法５条で、借地人がすでに長期間土地を利用してきたことを考慮して、更新時より起算して、堅固建物は30年、普通建物は20年と規定しています（特約で延長可能です）。

したがって、造りのしっかりしたビルを所有するために借地権を更新する場合は、更新時から起算して30年（特約で30年超とすることも可能）が借地権の存続期間になります。

借地人が地代を払わない場合は、どう対応すればよいのでしょうか。

督促を行っても状況が改善しない場合は、契約を解除できます。

借地人が地代を払わない場合、地主は契約を解除することができます。マンションやアパートを借りる契約をするときと同じように、土地を借りるときも、借主は地代を地主のところへ持参するか地主の口座に振り込む必要があります。契約書にも、地代を地主へ持参か送金で支払う旨の条項を入れているのが普通です。したがって、借地人は、地代を地主のところに持参または送金する義務があります。にもかかわらず、借主が地代を支払わないのは、明らかな契約違反になります。

借地人が全く地代を払わず、地主が取立てに行ってようやく払ってもらえても、その後は払ってもらえないというような状態の場合は、地主は契約を解除することができます。ただ、地代を払ってもらえないからといって、いきなり契約を解除するのは早計です。まずは、地主は借地人に対して、「10日以内に滞納している地代を払わないと契約を解除します」といった内容の督促状を送付する必要があります。それでも、借地人が地代を払ってくれないのであれば、契約を解除することになります。

なお、地主が借地人の所在場所に地代を取立てに行くという行為については、地代を払わない借地人自身に責任があるので、特に問題になりません。

地価の変動に合わせて地代を決める場合について教えてください。

契約で定めれば、地代を地価に合わせて変動させることができます。

地価の変動に応じて地代を変えていく方式を採用することはできます。土地の価格は、毎年変動していきますので、地代も地価の変動に応じて、更新時に変更していく方式は、その内容が不合理でない限り有効とされています。したがって、地代を自動的にスライドさせる方法を契約の条項に入れることもできます。

もっとも、高級住宅街やビルが立ち並んでいるような地区などでは、不動産鑑定士などの専門家に鑑定してもらわなければ、正確な地価を算出することはできません。土地の価格をどのような側面から評価するのかによって、地価がどう上昇したのかについて判断が分かれることもあり、場合によっては、地代が大幅に値下がりするといったこともあります。

したがって、契約条項の内容としては、更地価格そのものの上昇額のスライド率をとり入れるのではなく、地域の地価の上昇率や周辺地の公示価格に応じたスライド率をとり入れるとよいでしょう。

なお、地代が変動する契約は、地代が一定の金額である契約に比べ、自ずと複雑な内容になります。無用なトラブルを避けるため、どの程度の地代の変動が予測されるのか、地主・借地人の双方がしっかりと把握しておくことが大切です。

税の負担が大きいので地代を値上げしたいのですが可能でしょうか。

2～3年間隔であれば値上げ要求も許されます。

現在の土地税制上、地主の負担は重く、また、相続があった時の相続税を考えると、地代の問題は切実ともいえます。

しかし、地代の値上げは、地主の都合だけで、いつでもできるものではありません。借地借家法は、①土地に対する租税その他の公課の増減により、②土地の価格の上昇や低下その他の経済事情の変動により、③近傍類似（近隣）の土地の地代等に比較して、現在の地代が「不相当」と見られるほどの低い金額になったときに、地代の増額を請求することができると規定しています。

つまり、土地の価格は、半年または1年ごとに変動していきますが、地価の高騰だけを地代値上げの根拠とすることはできないのです。裁判例では、3年ほどの据え置き期間を経ていれば、地代の増額請求の機会として妥当であるととらえているようです。

では、税負担に比例して毎年、地代を改定するという特約を結ぶことはできるのでしょうか。地代の据え置き期間は原則として3年であるとしつつも、その間に増税または減税があったときは、増額分だけを上乗せするまたは減額分だけを差し引く、という特約を結ぶことはできます。ただ、1年ごとの地代改定の特約はあまり利用されていないので、よく借地人と話をして決めるのが無難です。

借地人が無断で温室を建てているのですが、無断で温室を建てたことを理由に地代を増額請求することはできますか。

増額請求は可能ですが、金額については当事者間で合意する必要があります。

賃貸借契約で、「地主の許可なく借地上の建物を増改築できない」と契約している場合、まず、温室を建てることが増改築になるのかどうかが問題となります。確かに、温室を建てるのは、借地上にある家（住宅）の横に建てるのですから、増築にあたり、無断増築になるのではないかとも思われます。

しかし、温室の建築は、原則として、借地利用としては当初の契約で予定されている軽度の増築だといえます。したがって、契約違反の程度も軽いので、土地賃貸借契約を解除して、土地を明け渡してもらうことは難しいでしょう。にもかかわらず、地主が無断増築を理由として土地の賃貸借を解除し、土地の明渡しを請求することは、借地人の態度を硬化させ、問題解決に手間がかかる結果になりかねません。

そこで、契約を解除しない代わりに、借地人に対する一種のペナルティの意味を込めて、地代の増額を請求するとよいでしょう。温室を造ることによって、借地人には、土地を効率的に利用することができるというメリットが生じているからです。

地代をいくら増額するのかは、当事者間の話し合いで決定します。妥当な金額について折り合いがつかない場合は、専門家に聞いたり、裁判所の調停を利用してみましょう。

借地人が借地権譲渡を行った場合、地主が承諾と引き換えに名義書換料の支払いを求めることができるのでしょうか。

一般的に売主である借地人に更地価格の10%前後の名義書換料を請求できます。

地主が代わった場合、新しい地主は、借地人の同意の有無を問わず、土地の所有権移転登記を取得していれば、借地人に対し地主の地位を主張して、地代の請求などをすることができます。

しかし、借地人が代わった場合に、借地権がそのまま引き継がれるとする規定は、法律上ありません。むしろ、借地人が地主に無断で借地権を譲渡したときは、地主は、借地契約を解除して借地人に対し土地の明渡しを請求できます。このため、借地人は地主の承諾なく借地上の建物を売却できないといえます。

一方、地主が借地権の譲渡を承諾する場合には、承諾の引き換えとして「名義書換料」(承諾料)の支払いを請求することができます。名義書換料は建物の売主(借地人)が支払う例が多いのですが、買主が支払うことも可能です。したがって、売買契約のときの話し合いで、買主(借地権つき建物の買主)が地主に支払うという約束をしても、差し支えはありません。いずれにせよ、名義書換料は誰が支払うのかを、売買契約書に明記しておく必要があります。

上記のとおり、名義書換料は、地主が借地人の変更を承諾する代わりとして、地主に支払われるものです。具体的な額を定めた法律はありませんが、一般的には更地価格の10%前後が相場です。

駐車場経営を行う際には届出などは必要なのでしょうか。契約を締結するときにはどのような事項を定めておく必要がありますか。

原則として駐車マスが500㎡以上でなければ届出の必要はありません。

駐車場経営は土地の賃貸人にとって魅力的です。青空式駐車場であれば手間がかかりませんし、安定した収入も見込めます。特に運営・管理について運営会社に委託すれば、管理に関する知識や労力を要することなく駐車場経営を行うことができます。

また、土地を駐車場として使用する場合の賃貸借契約には借地借家法が適用されないので、居住用不動産を扱う場合と比べると、専門知識も少なくてすみます。ただし、駐車マス（駐車の用に供する部分）の合計面積が500㎡以上で、一般公共用として駐車料金を徴収する場合は、路外駐車場として都道府県知事への届出が必要です（月極駐車場とする場合は届出不要です）。

駐車場契約は、土地全体を駐車場として賃貸する場合と区画ごとに賃貸する場合があります。また、駐車車両を制限することもあるようです。駐車車両を制限する場合は、①車両名、②車両番号、③車両所有者名、などを特定して契約書に記載します。

賃借人は、賃料を払う事はもちろんですが、賃貸人の定めた管理規則に従って、善良な管理者の注意（職業や地位などに応じて通常期待される程度の注意義務のこと）をもって駐車場を使用しなければなりません。また、契約終了後は、自動車を移動し、残留品を撤去して賃貸人に返還する必要があります。

駐車場として貸したのに住宅を建てられた場合に立退きを求めることはできるのでしょうか。

契約書に賃貸の条件を明記しておけば、土地の明渡請求ができます。

建物の所有を目的とする賃貸借または地上権の設定をすると、借地借家法によって借主（借地人）が強く保護されるため、将来的には借地人に対して土地明渡しを請求することが困難になります。したがって、土地を貸す場合には、使用目的が建物の所有にあるのかどうかを借主に確認し、契約書にきちんと明記しておく必要があります。

土地の使用目的が「駐車場として使用すること」と契約書に賃貸の条件が明記されている場合には、建物所有を目的としていないので、借地借家法の適用を受けません。したがって、貸主が契約期間満了時に明渡しを請求する場合、契約の更新拒絶について「正当の事由」を要求されることはありません。

また、借主が契約に違反して無断で建物を建てているような場合であれば、期間満了を待つまでもなく、直ちに明渡しを求めたいところです。契約違反を理由に土地の賃貸借契約を解除し、建物の撤去・土地の明渡しを請求するのがよいでしょう。地主に損害が発生していれば、その賠償を請求することもできます。

建物が建ってしまった後で撤去を求めるのは実際上、困難な場合もあります。その場合は、損害賠償によって解決することになります。

借地契約が更新されないことを理由とする借地人の建物買取請求は、いつまでも請求されるおそれがあるのでしょうか。

建物買取請求権の時効による消滅などで、請求を免れることができます。

借地借家法は、契約の更新が行われない場合に、借地人は、地主に対して借地上の建物などを時価で買い取るように請求（建物買取請求）することができると規定しています。契約期間が満了後、借地上の建物を取り壊して借地を地主に返還しなければならないとすると、まだ利用できる建物を取り壊さなければならないという損失が大きいために認められている権利です。建物買取請求権を排除する特約を契約で定めても、その特約は無効です。

借地人による建物買取請求権の行使については、独自の期限の定めはありませんが、民法の定める債権の消滅時効と同じく、原則５年で時効により消滅します（90ページ）。

よって、地主による契約の更新拒絶が認められたとしても、借地人が弁護士や不動産鑑定士といった専門家に相談して、内容証明郵便などで買取を請求してくることがあります。また建物買取請求権に基づいて訴訟を起こしてくる場合もあり得ます。

建物買取請求の対象は、当然建物が中心ですが、建物以外のものでも買取を請求することがあります。たとえば、門扉、塀、ガスや水道の供給設備、カーポートなども、建物と一緒に買取請求の対象となります。買取価格は通常、建物の時価となりますが、具体的な金額は当事者間の話し合いで決められます。

借地上の建物が滅失した場合、借地契約は存続するのでしょうか。

建物が滅失しても、借地契約は存続します。

平成４年８月１日より前に締結された借地契約の場合、借地法の規定に従うことになります。借地法では、地震などが原因で建物が滅失した場合でも、借地権自体は消滅せずに存続します。

建物所有目的の借地権がある以上、借地人は借地上に建物を建てる権利があります。この借地権が存続する間に建物を再築した場合、地主から異議がないときは、借地権は前の建物が滅失した日から、堅固建物は30年間、普通建物（堅固でない建物）の場合は20年間存続します。

一方、地主が異議を述べれば、残りの期間しか借地権は存続しません。ただし、借地人は更新請求をすることができ、正当事由のある地主の異議がない限り、契約は更新されます。もし正当事由が認められて契約が終了したときは、借地人は地主に土地を明け渡さなければなりませんが、新しく建てた建物については、地主に対して建物買取請求ができます。

一方、平成４年８月１日以降に締結された借地契約には、借地借家法が適用されます。借地借家法は、借地権の存続期間中に建物が滅失（借地権者が取り壊す場合も含む）したときに、建物の再築について地主の承諾がある場合には、承諾または再築のいずれか早い日から借地権が20年間存続するとされています。

借地上の建物を無断で売却していた借地人への法的な対処法を教えてください。

無断譲渡をしているので、土地の明渡しを請求できます。

借地権の無断譲渡は契約の解除理由になります。借地上の建物が第三者に売却されると、借地権も建物とともに第三者に譲渡されることになるので、地主の承諾が必要です。したがって、借地人が建物を地主の承諾なく売却した場合には、地主は借地人に対して借地契約の解除を主張することができます。

また、地主は建物を買い受け、現在建物に居住している第三者に対し、土地の明渡しを請求することもできます。ただ、借地上の建物に住んでいる第三者が地主に承諾を求めてくる可能性もあります。地主が第三者からの請求を承諾した場合には、借地人の行った譲渡を認めることになるので、借地権は第三者に譲渡され、契約内容も借地人との契約内容と同じものになります。

仮に借地権の譲渡前に借地人が地主に承諾を求めたにもかかわらず、地主が拒絶した場合、借地人は借地権譲渡の許可を裁判所に申し立てることで、地主に代わって譲渡の許可を裁判所から得ることもできます。この代諾許可への対抗手段として、地主には介入権（239ページ）が認められています。なお、無断譲渡により契約が解除された場合には、借地人は地主に対して建物買取請求権を行使できないのが原則ですが、借地人保護の観点から、建物買取請求権の行使が認められる可能性はあります。

高齢の借地権者から、子どもへ譲渡する旨の承認を求められた場合、どのように対処したらよいのでしょうか。

原則として無断譲渡による解除はできません。承諾の条件をよく話し合いましょう。

借地人（借地権者）が借地権を第三者に譲渡する場合、あらかじめ地主の承諾を得ていれば何ら問題はありませんが、地主の承諾なく無断で借地権を譲渡した場合、地主は賃貸借契約を解除できるのが原則です。ただ、借地権の無断譲渡があっても、賃貸人に対する「背信行為」とならない特段の事情があるときは、契約を解除できません。賃貸借契約は当事者間の信頼関係を基礎にしているので、信頼関係が破壊されない限り、契約解除が制限されるのです。「特段の事情」とは、親族など強い人的関係にいる者との間に起きた譲渡・転貸などをさします。

本ケースのように、高齢の借地人が自分の子どもに借地権を譲渡した場合には、無断譲渡を理由に、地主が契約を解除することはできないといえるでしょう。

ただ、たとえ親族間の譲渡であっても、単なる営利のためや、経済的な利益を考えての譲渡のような場合には、賃貸借契約の解除が認められる可能性があります。

地主としては、借地人から「借地権を親族に譲りたい」と承諾を求めてきたような場合には、名義書換料（161ページ）を要求するかなど、当事者間で承諾の条件をよく話し合うのが双方の利益になるでしょう。

18 Question 借地契約期間が満了したのですが、地主は契約更新を認めたと判断される場合があるのでしょうか。

地主が契約期間終了後、何も言わない場合は更新されたと考えられる場合があります。

借地契約の期限が過ぎても、地主が何も言わないときは、契約が更新されたものとみなされ、地主が明渡請求を行っても拒否される場合があります。つまり、契約期間の満了にもかかわらず、借地上の建物が存在し、借地人が引き続き土地を使用している場合、地主が遅滞なく異議を述べないと、前の契約と同じ条件で借地契約の更新があったものとみなされます。これを使用継続による法定更新といいます（153ページ）。なお、借地契約が借地借家法の施行される前の契約である場合、更新後の存続期間は、堅固建物は30年、普通建物は20年です。

一方、地主がすぐに異議を述べた場合にはどうなるのでしょうか。地主からの異議が認められるためには、地主が自らその土地を使用する必要がある場合などの「正当事由」がなければなりません。たとえば、地代の滞納など借地人が契約上の重大な義務違反をしている場合や、地主が土地を利用する必要性がある場合などに、正当事由が認められます。地主の異議が正当事由にあたる場合には、借地契約は更新されません。こうした事情がなく、地主が契約更新にあたり何も言わない場合は、借地契約は更新されます。そのため、後で借地人に対して、地主が借地の明渡しを請求することはできません。

更新後に滞納地代を連帯保証人に請求できるのでしょうか。

保証契約の定めがない限り、契約更新後に連帯保証人の責任は存続しません。

まず、当初の保証契約で更新後も継続して保証する旨の規定を明確に定めていれば、連帯保証人は契約更新後も引き続き保証人としての義務を負います。

一方、そのような規定を置かなかった場合、契約更新後は連帯保証人の責任は存続しないことになるでしょう。

確かに、借家契約が原則更新されるものであることを考えると、保証人も契約が更新されることを前提として保証したはずですから、更新後の借地人の債務についても保証されるようにも思われます。実際、借家契約については、契約更新後も保証人の責任が継続することを認めた判例があります。

しかし、借地契約の場合、借家契約と異なり当初から30年以上という長期の契約を結んでいるのが一般的です。そうすると、30年後も保証人に引き続き保証する意思があったとはいえないと考えるのが通常でしょう。

個々のケースごとに判断が異なることはありますが、原則として更新後の借地契約については、連帯保証人に責任は生じません。したがって、保証契約の定めがない限り、更新後の滞納地代を連帯保証人に請求することはできないと考えておくべきでしょう。

契約途中で、契約期間を短縮したいと考えているのですが、どのようにしたらよいのでしょうか。

当事者間の自由な意思の下で合意すれば、特約として有効になります。

契約途中における契約期間の短縮は、両当事者間の話し合いによって合意すれば、特約として有効になります。

借地人には、期間満了まで、土地を使用する権利があります。さらに、契約期間が満了しても、引き続き契約を更新してもらえる更新請求権も認められ、手厚く保護されています。

契約期間の途中で、当初の期間を短縮して更新できないとすることは、実質的には地主からの解約にあたりますが、借地人が話し合いで納得した上で結んだ特約であれば、更新請求権は放棄したものとみなされることがあります。借地借家法は、借地人にいろいろと有利な権利を認めていますが、法律に規定があるとしても、基本的には契約で定めた当事者の合意が優先します。

借地借家法は、契約成立後に借地人自らが借地に関する有利な権利を放棄することまでを禁じてはいません。よって、借地人が十分に納得して不利な特約を結んだのであれば、その特約は有効と判断されるでしょう。しかし、借地人がしぶしぶ期間の短縮を承諾した、つまり自由な意思で特約を結んでいないと主張して、後からトラブルになる可能性があります。地主としては、しっかりと借地人と話し合い、借地人に不利となりすぎない条件で折り合いをつけるべきだといえます。

第４章

不動産を賃貸その他運用したときの法律と税務

不動産賃貸業をはじめる予定の者です。「所得」と「収入」という用語がありますが、これらは意味が違うのでしょうか。

収入とは受取金額全体をいい、収入から必要経費を差し引いた後の金額が所得です。

一般的には収入と所得は同じ意味のように考えられていますが、収入と所得は全く違います。

質問のような不動産賃貸業の場合ですと、地代や家賃として借主から受け取った金額そのものが収入です。そして、収入から、固定資産税や修繕費など、事業を営む上で必要な経費を差し引いた後の金額が所得です。所得税が課税されるのは所得の部分です。税金の計算をするためには、まず1年間の所得の金額を求めなければなりません。つまり、受け取った家賃の集計をとり、支出した経費を計算する必要があります。入居者から受け取った敷金や礼金なども収入になります。ただし、契約により借主が退去する際に返還する部分については、預かったお金として扱われますので、収入には含まれません。

所得税法では、10種類の所得について、具体的にその所得の金額の計算方法を定めています。所得を10種類に分類した理由は、所得の性質によって税金を負担することができる能力（担税力）が異なるからです。たとえば老後の資金となる退職所得は、担税力を考慮して所得の2分の1を課税対象とし、他の所得とは合算しないようにしています。

所得税の課税のしくみはどのようになっているのでしょうか。

総所得金額から所得控除額を差し引き、その残額に応じた税率を掛けて計算します。

6段階に分かれる所得税の計算について順を追って説明します。

① 総所得金額を求める

10種類に分類された所得は、それぞれの所得について、収入金額から差し引く必要経費の範囲や特別控除などが決められていますので、それに従ってそれぞれの所得金額を計算します。

② 所得控除額を計算する

個々人の個人的事情等を考慮して設けられている所得控除額を計算します。災害により資産に損害を受けた場合の雑損控除、多額の医療費の支出があった場合の医療費控除、配偶者や扶養親族がいる場合の配偶者控除や扶養控除、すべての人に認められている基礎控除など、10種類以上の所得控除が設けられています。

③ 課税所得金額を求める

所得金額から所得控除額を差し引いて課税所得金額（1,000円未満切捨）を求めます。

④ 所得税額を算出する

課税所得金額に税率を掛けて所得税額を計算します。税率は、課税所得金額に応じて５％から45％の７段階に分かれています。

⑤ 所得税額から税額控除額を差し引く

税額控除には、配当控除や住宅ローン控除などがあります。配当控除とは、配当を受け取った場合や収益を分配された場合に一定の方法により計算した金額を控除するものです。また、ローンを組んで住宅を購入した場合には、ローン残高に応じて一定の金額を控除できます（住宅ローン控除）。

⑥　源泉徴収税額や予定納税額を差し引く

税額控除後の所得税額（年税額）に2.1％を乗じて復興特別所得税額を計算し、所得税額に合算します。源泉徴収された税額や前もって納付している予定納税額があるときは、所得税額と復興特別所得税の合計額から差し引いて精算します。これで最終的に納める所得税額（100円未満切捨）または還付される所得税額が算出されます。

■ 所得税の計算方法

① 各種所得ごとに所得金額を計算

↓ 10種類の所得ごとに一定の方法で所得金額を計算

② 所得控除額を計算

↓ 個人的事情などを考慮した所得控除額を求める

③ ①から②を引いて課税所得金額を計算

↓ 1,000円未満の端数を切り捨て

④ ③に税率をかけて所得税額を計算

↓ 課税所得金額に応じた超過累進税率を適用して所得税額を計算

⑤ ④から税額控除額を差し引く

↓ 配当控除や住宅ローン控除などの税額控除額を差し引く

⑥ ⑤から源泉徴収税額や予定納税額を差し引く

納付する税額の場合は100円未満端数切捨、
還付される税額のときは、端数処理はしない

不動産賃貸業による家賃収入などは不動産所得として所得税が課されることになるのでしょうか。

不動産の賃貸によって得られる収入は所得税法上、不動産所得の扱いを受けます。

土地建物等の不動産を貸し付けることで得た地代、家賃、権利金、礼金などの所得を不動産所得といいます。敷金は入居時に預かるお金ですが、退去時に借主に返還されるものは収入にあたらないので、不動産所得には含まれません。不動産の仲介などによる所得は事業所得または雑所得になります。

その不動産の購入時に販売もしくは転売を目的としていれば事業所得、そうでなければ不動産所得とするのが所得税法の考え方です。そのため、不動産の貸付を事業として行っている場合、その所得は事業所得ではなく不動産所得です。土地や建物を貸して月々賃貸料を受け取っている場合だけでなく、余った部屋に人を下宿させて家賃を受け取っている場合も不動産所得です。ただし、下宿でも、食事を提供している場合やホテルなどのようにサービスの提供が主な場合には事業所得または雑所得になります。

事業主が従業員に寄宿舎などを提供している場合に受け取る賃貸料も、事業に付随して発生する所得として事業所得になります。

月極駐車場は不動産所得になりますが、時間極駐車場はサービス業としての側面を有することから事業所得または雑所得になります。ビルの屋上や側面の看板使用料は不動産所得ですが、店舗の内部の広告料は事業付随収入として事業所得になります。

不動産所得の金額はどのように算定するのでしょうか。

その年の地代等の総収入金額から必要経費を控除して計算します。

不動産所得の金額は、その年の地代等の総収入金額から必要経費を控除した金額となります。一定水準の記帳をし、その記帳に基づいて正しい申告をする人には、所得金額の計算などについて有利な取扱いが受けられる青色申告の選択が認められています。青色申告者は、必要経費を差し引いた残額から「青色申告特別控除額」を控除した金額が不動産所得となります。満額の青色申告特別控除（65万円）の適用を受けるには、上記条件の他、不動産所得を生ずべき「事業」を営む人と限定されています。つまり不動産の貸付が「事業」として行われていることが必要です。

建物の貸付が事業として行われているどうかは、社会通念に照らし事業的規模であるかどうかによりますが、次の１つに該当する場合は、形式基準として「事業」として行われているものと判定します。

① 貸間、アパート等については、貸与することができる独立した室数がおおむね10以上であること

② 独立家屋の貸付については、おおむね５棟以上であること

●不動産所得の必要経費

不動産所得にかかる必要経費には、貸し付けた土地や建物などの不動産取得税、登録免許税、固定資産税、修繕費、損害保険料、

減価償却費、借入金の利息、管理人の給料などが含まれます。

ただし、上棟式の費用は、必要経費ではなく建物の取得価額に含まれます。

なお、不動産所得の金額が赤字になった場合には、損益通算を行うことができます。しかし、不動産所得の赤字のうち、土地等を取得するために要した負債の利子に相当する部分の金額は、損益通算できません。たとえば、不動産所得の金額が赤字100、借入利息が80で、そのうち土地を取得するために要した利息が40だったとします。赤字100のうち、この40は損益通算できませんので、100－40＝60を他の黒字の所得と通算することになります。

●超過累進税率による総合課税

不動産所得の金額は、他の所得と総合して総所得金額を構成し、超過累進税率により総合課税（合算の対象となる所得を合計して税額を計算・納税する課税方式）されます。

■ 不動産所得の計算方法

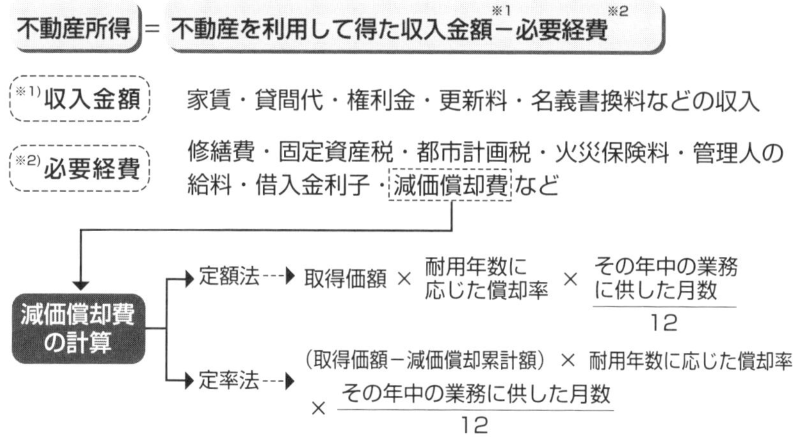

不動産所得 ＝ 不動産を利用して得た収入金額[※1]－必要経費[※2]

※1）収入金額　家賃・貸間代・権利金・更新料・名義書換料などの収入

※2）必要経費　修繕費・固定資産税・都市計画税・火災保険料・管理人の給料・借入金利子・減価償却費など

減価償却費の計算

定額法 → 取得価額 × 耐用年数に応じた償却率 × $\frac{\text{その年中の業務に供した月数}}{12}$

定率法 → （取得価額－減価償却累計額）× 耐用年数に応じた償却率 × $\frac{\text{その年中の業務に供した月数}}{12}$

不動産賃貸業で赤字が出ても損益通算で税金の負担を減らせると聞きました。これはどういう意味でしょうか。

損益通算とは、異なる種類の所得同士の赤字（損）と黒字（益）を合算することです。赤字の分だけ、税金の負担が少なくなります。

２種類以上の所得があり、たとえば１つの所得が黒字、他の所得が赤字（損失といいます）といったケースを考えてみましょう。損益通算とは、異なる種類の所得同士の黒字と赤字を、一定の順序に従って、差引計算を行うものです。ただし、すべての所得の赤字（損失）が他の黒字の所得と損益通算できるものではありません。

所得税では、不動産所得、事業所得、山林所得及び譲渡所得の金額の計算上生じた損失の金額があるときに限り、一定の順序により他の各種所得の金額から控除できるものとしています。ただし、不動産所得の金額の赤字のうち土地等を取得するために要した借入金の利子に相当する部分の金額は、損益通算することができません。

●損益通算の順序

損失の金額は、次の順序により控除を行います。

① 不動産所得の金額または事業所得の金額の計算上生じた損失の金額は、利子所得、配当所得、不動産所得、事業所得、給与所得、雑所得の金額（経常所得の金額といいます）から控除します。

② 譲渡所得の金額の計算上生じた損失の金額は、一時所得の金額から控除します。

③ ①で控除しきれないときは、譲渡所得の金額、次に一時所得の金額（②の控除後）から控除します。

④ ②で控除しきれないときは、これを経常所得の金額（①の控除後の金額）から控除します。

⑤ ③、④の控除をしても控除しきれないときは、まず山林所得の金額から控除し、次に退職所得の金額から控除します。

⑥ 山林所得の金額の計算上生じた損失の金額は、経常所得（①または④の控除後）、次に譲渡所得、次いで一時所得の金額（②または③の控除後）、さらに退職所得の金額（⑤の控除後）の順で控除を行います。

損益通算がこのような順序になっているのは、所得の性質を考慮しているためです。まずは同じ性質の所得と通算し、次に性質の違う所得と通算します。

■ 損益通算の対象

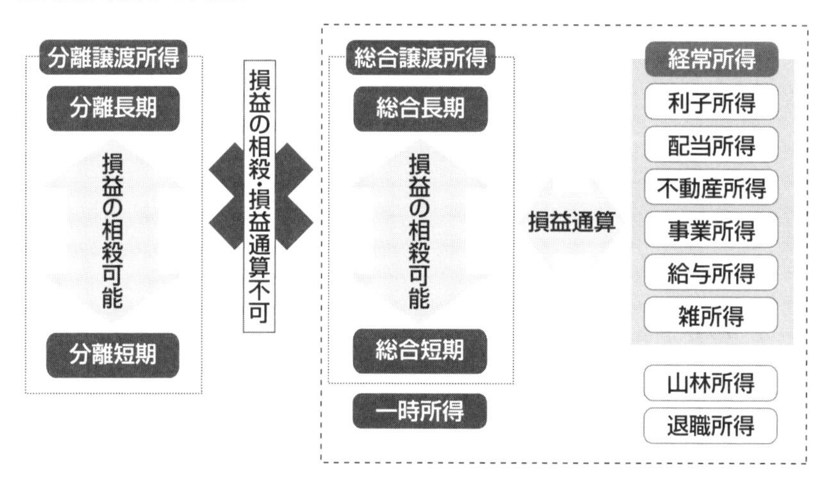

礼金や敷金も不動産所得にあたるのでしょうか。

返還義務があるかどうかで判断されます。

不動産所得は収入から経費を引いた金額になります。地代・家賃の他、権利金や礼金あるいは更新料などが収入にあたります。土地を借りている人が家を建て直そうとすると貸主から承諾料を要求されることがあります。この承諾料も収入に含まれます。

収入になるかどうかは、借主へ返還義務があるかどうかで判断されます。質問にある礼金はあくまで慣行的に、賃貸借契約を締結するにあたり、借主が貸主へ支払った一時金です。つまり賃貸借契約が満了しても、借主へ返還する義務は発生しません。そのため収入になります。権利金や更新料、承諾料も借主へいずれ返還される性質のものではないことから収入と判断されるのです。

敷金や保証金など、退去時などに返還されることになっているものは、収入にはあたらず、預り金として扱われます。ただし、敷金や保証金については、その一部ないし全部を返還しない契約も存在します。その場合は、返還されない部分は収入とみなされます。共同住宅などでは、街灯などの共用部分を維持するために、また、ゴミ処理などのために、共益費を徴収される場合があります。共益費も貸主の収入に含まれます。他方で、貸主が実際に支払った水道代、電気代などについては、経費として処理することになります。

不動産所得の収入はいつの時点を基準に判断するのでしょうか。

家賃や共益費は原則として支払日が基準となります。

収入として計上する時期は、地代・家賃や共益費などについて所得税法上は次のように定めています。

契約書や慣習などで支払日が定められている場合は、その支払日です。契約書などで支払日が定められていない場合は、実際に支払いを受けた日になります。ただし、請求があったときに支払うことになっている支払いについては、その請求日になります。

そのため仮に、借主が家賃の支払いを怠ってしまい、定められた支払日の翌月に支払った場合、定められた支払日においては未収ですが、収入の日として計上するのが原則です。ただし、通常の賃貸借においては、借主が家賃を支払う際、月をまたがなくても、定められた支払日の前後の日に支払うケースも多々あります。その場合、原則通りに定められた支払日を収入の計上日とはせず、支払があったその日を収入の計上日とすることも認められます。

また、土地や建物を賃貸することで一時的に収入が入る、権利金、礼金、更新料、承諾料などについては、次のようになります。

賃貸物件の引渡しが必要なものは、その引渡しのあった日です。引渡しが必要ないものは、契約の効力が発生した日、つまり契約日です。敷金や保証金で返還の必要がないものについては、返還の必要がないことが確定した日の収入として計上します。

テナントビルのオーナーです。確定申告の際に経費として扱われるものについて具体的に教えてください。

経費として扱われるのは不動産にかかる税金や維持費用などです。家庭の支出とは混同しないように気をつけましょう。

経費に含まれるものには、以下のようなものがあります。

① 賃貸用の土地・建物にかかる固定資産税・都市計画税

固定資産税や都市計画税は、経費に含めることができます。

② 建物にかける火災保険料などの損害保険料

火災保険料などの損害保険料も、経費に含めることができます。

③ 減価償却費

建物は年を経ると資産価値が下がります。資産価値が下がっていくとみなされる額を減価償却費として毎年の経費に計上していきます。減価償却費の計算には、定額法や定率法を用います。なお、土地のように時間が経過しても価値が下がらない資産は減価償却を行いません。

④ 修繕費

畳やふすまの取替え、壁の塗替えなど、不動産経営にかかる修繕費はその年の経費に算入できます。ただし、「資本的支出」に該当するものは、修繕費とはみなされず、資本として計上した上で、複数年にわたる減価償却費として、経費に計上していきます。

⑤ 共用部分の水道代、電気代など

共益費として徴収したものでも、貸主の経費として扱われます。

⑥　不動産管理会社に支払う管理委託手数料等

賃貸用の建物の管理を不動産管理会社に委託している場合は、その管理委託手数料なども経費に含まれます。

⑦　入居者募集のための広告宣伝費

入居者を募集するための広告宣伝費も経費に含めることができます。

⑧　借入金の利息

利息を経費に算入できます。元本部分の返済額は経費とは認められません。不動産所得全体で赤字になった場合には、損益通算に一定の制限がかかります。

⑨　税理士に支払う報酬

税務申告等を依頼する場合は報酬も経費に含めることができます。

⑩　その他雑費

不動産所得の経費と認められるのは不動産事業のための経費のみです。支出が自分の家庭用の費用と一体になっている場合は家庭用として支出した分は区分して除外しなければなりません。

■ 収入となるもの・経費となるもの

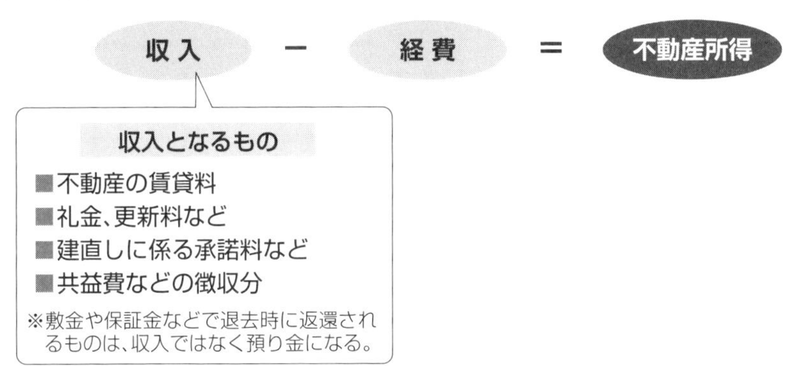

建物に大がかりな修繕を行ったのですが、すべて費用として計上してよいのでしょうか。

すべて費用計上できるとは限りません。建物の資産価値を上げる修繕であれば、資産に計上した上で減価償却が必要な場合もあります。

賃貸用の建物や、建物付属の設備などの資産は、使用しているうちにトラブルが生じたり、壊れたりして、修繕が必要になります。

修繕のための費用は一般に「修繕費」といわれますが、税法上はそれを「修繕費」と「資本的支出」とに分けています。税法上の「修繕費」は、その年の経費に算入できます。しかし、「資本的支出」の場合は、その「修繕」は資産の追加とみなされ、いったん資産として計上した上で、複数年にわたり減価償却費として経費に算入します。

●修繕費と資本的支出の基準

税法上の「修繕費」と「資本的支出」の区別は、以下のようになります。通常の維持管理のためや、修理して元に戻すための支出が「修繕費」であり、資産の使用可能期間を延長させ、資産の価値を増大させるような支出は「資本的支出」にあたります。ですから、建物の増築にかかった支出、屋外階段の設置など、建物に物理的に付け加えたものの支出、店舗の改装など、改造や改装に必要となった支出は原則として「資本的支出」とみなされます。

ただし、以下の場合は、確定申告を行えば、「資本的支出」としてではなく、「修繕費」としてその年の経費に算入することができます。

① 1つの修理、改良などの金額が20万円未満の少額支出

② 過去の実績等の事情から見て、その修理、改良等がおおむね3年以内の期間を周期として行われることが明らかである短周期の支出

③ 1つの修理、改良などの支出の中に「修繕費」か「資本的支出」か明らかでない費用があり、その費用の額が60万円未満であるか、その資産の前年末の取得価額のおおむね10%相当額以下である場合

また、ⓐ土地の水はけをよくするために砂利などを敷いた場合にかかった費用、ⓑ地盤沈下した土地を元の状態に回復させるために土盛りを行った場合にかかった費用、ⓒ建物を曳家（建物を解体せずに行う移動工事のこと）または解体移築した場合にかかった費用（支出）は「修繕費」に含まれます。

■ 修繕費と資本的支出の判断基準

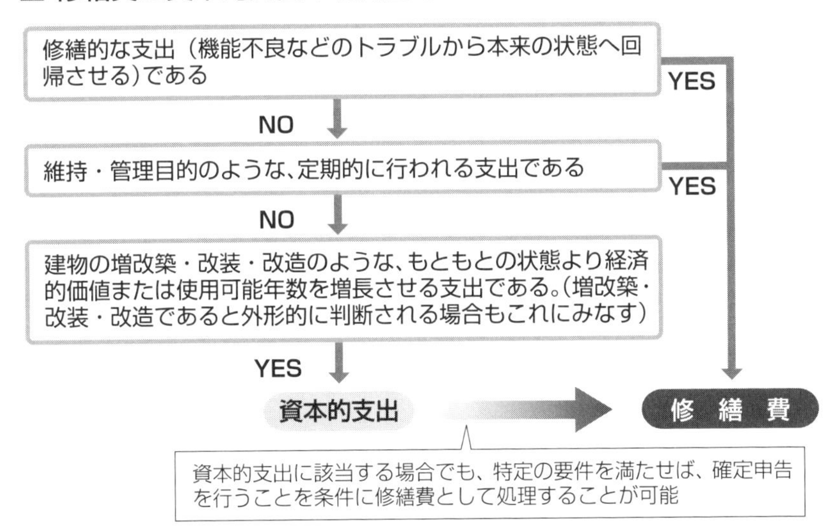

10 Question 建物について考慮する減価償却費とはどのように計算するのでしょうか。

「耐用年数」を設定し、購入した価格から毎年少しずつ費用に計上していきます。

減価償却とは、資産のうち、時間が経つにつれてその価値が減っていくものに関して適用されるものです。ビルなどの建物がその代表例です。建物は、錆びたり壁面が剥がれたりなど、時間の経過とともに老朽化していきます。それに伴い建物そのものの価値も減っていくと考えられます。たとえば5000万円で買ったビルは、買った当初の価値は5000万円ですが、長い間使っていくうちにその価値が減り、最後には、売ろうとしても誰も引き取り手がいなくなる、つまり無価値になります。減価償却とは、このように資産の価値から、時間の経過に伴って減っていく分（毎年一定の金額や割合）を引いていくことです。その引いていく額を減価償却費と呼びます。したがって、同じ固定資産でも、土地や返済期間が長期にわたる貸付金のように、時間が経過しても価値が減らないものには適用されません。また、１年未満しか使えないものや、最初から10万円未満の価値しかない資産に関しては、１年目に取得価格の全額を費用とすることができます。

●減価償却の方法

減価償却では、毎年、減少していく資産の価値を費用として計上します。主な計上の仕方として、定額法と定率法の２つがあります。定額法は毎年一定の金額を費用計上する方法です。定率法は、その資産の償却費として計上していない部分の金額（「未償却残高」といいます）に一定の割合を掛けて費用を計上する方法です。費用計上を続けてその資産の価値がゼロになるまでの期間を耐用年数といいます。耐用年数は、税法など法律で資産の種類によって細かく決められています。したがって、経理実務では、決められた耐用年数に従って減価償却を行います。

たとえば、100万円で購入した物の耐用年数が10年だった場合、定額法では、毎年資産を購入したときの価格の10％、つまり10万円ずつを減価償却します。定率法では、未償却残高に20％（平成24年４月１日以降取得分）を掛けた金額を減価償却費とします。

減価償却費を算出するときに使う掛け算の率（上記の場合、定額法であれば10％、定率法であれば20％）も耐用年数ごとに決まっています。計算の際には、確認する必要があります。耐用年数が終わるまで、毎年の減価償却費の合計と減価償却後の資産の価格を計算し、決算時に貸借対照表に記載していきます。この資産の価格を帳簿価格、毎年の減価償却費を合計した金額を減価償却累計額といいます。

■ 減価償却の方法

償却方法	償却限度額の算式
定額法	取得価額 × 耐用年数に応じた定額法の償却率 ※平成19年4月1日以降取得分
定率法	(取得価額－既償却額)× 耐用年数に応じた定率法の償却率
生産高比例法	取得価額 ÷ 耐用年数と採掘予定年数のうち短い方の期間内の採掘予定数量(見積総生産高) × 採掘数量(当期実際生産量) ※平成19年4月1日以降取得分
リース期間定額法	(リース資産の取得価額見積残存) × 当該事業年度のリース期間の月数 ÷ リース期間の月数 ※平成20年4月1日以降締結した契約分

減価償却費の具体的な計算例と節税ポイントについて教えてください。

定率法を選択すると、取得当初に節税効果があります。

平成10年４月１日以後に取得した建物に認められている償却方法は、定額法のみです。建物附属設備の場合は、従来は定額法と定率法のどちらかを選択することができましたが、平成28年４月１日以降取得したものについては償却方法が定額法に一本化されました。

以下では、平成19年４月１日以降に取得した資産を対象にして、減価償却費を計算してみましょう。

資産の購入価格を100万円とします。資産の種類ごとに法定の耐用年数が定められていますが、この資産の法定耐用年数は10年だとします。また、１年目も１年間まるまるその資産を使用したものとします。

定額法の場合、資産の取得価格である100万円に、耐用年数が10年の場合の定額法の「償却率」である0.100を掛けることで、毎年の減価償却費10万円が算出されます。ただし、10年目だけは、減価償却費は99,999円です。定率法の場合は、法定耐用年数が10年の資産の「償却率」「改定償却率」「保証率」はそれぞれ0.200、0.250、0.06552です（平成24年４月１日以降に取得された資産の場合）。

まず、資産の取得価格1,000,000円に「保証率」0.06552を掛けて、

「保証額」65,520円を算出しておきます。

1年目の減価償却費は、資産の取得価格である1,000,000円に「償却率」0.200を掛けた200,000円です。そうすると、2年目の期首未償却残高は800,000円となり、2年目の減価償却費はその額に「償却率」0.200を掛けた160,000円になります。以後も同じです。

この計算で行くと、6年目、7年目の減価償却費は65,536円、52,429円になります。7年目で「保証額」65,520円より少なくなりますので、ここから計算方法が変わります。7年目以降は毎年、減価償却費は同額で、7年目の期首未償却残高262,144円に「改定償却率」0.250を掛けた65,536円です。ただし、10年目だけは、期首未償却残高から1円を引いた額が、減価償却費になります。

●減価償却と節税

減価償却資産を購入した場合、通常購入費の全額を1年目に支払いますが、1年目に支払額全額が経費に計上されるわけではありません。お金を支払っても税務上は経費にならないため、その分税金を支払うことになります。翌年以降は購入にお金を支払わなくとも減価償却によって税務上経費が計上されるので、耐用年数全体で見れば購入で支払った金額も税務上経費に計上された金額も同じになります。

■ 耐用年数

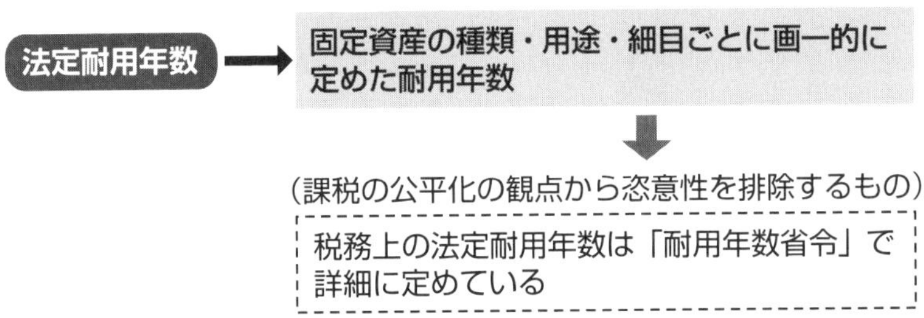

法定耐用年数 → 固定資産の種類・用途・細目ごとに画一的に定めた耐用年数

↓

(課税の公平化の観点から恣意性を排除するもの)

税務上の法定耐用年数は「耐用年数省令」で詳細に定めている

借家人に立退料を支払った場合の税金の処理について教えてください。

立退料を借地人に場合は必要経費・譲渡費用・取得費などとして取り扱われます。

借地人が立退料を支払った原因に基づき、税制上の処理は異なります。不動産所得の基因となっていた建物の賃借人を立ち退かせるために支払った場合は、不動産所得の必要経費として扱われます。

また、賃貸している建物やその敷地を譲渡するために必要が生じて立退料を支払った場合には、譲渡に要した費用として、譲渡所得の金額を計算する上で、控除されることになります。

敷地のみを賃貸しており、その建物の所有者である借地人に立ち退いてもらうために立退料を支払った場合には、通常、借地権の買戻しの対価となりますから、土地の取得費になります。いずれにあたるのか確認してみるとよいでしょう。

なお、借主も立退料をめぐり税制上の処理が必要です。受け取った立退料には所得税がかかります。ただし、立退料を受け取った背景やその性格により、所得区分が異なります。

①資産の消滅の対価補償としての性格のもの、②移転費用の補償金としての性格のもの、③収益補償的な性格のもの、と大きく３つに区分されます。それぞれの所得区分ですが、①は譲渡所得、②は一時所得、③は事業所得に区分されます。

遊休地を分譲地として活用し、借地権を設定して権利金を得る予定ですが、収益はどのように扱われるのでしょうか。

分譲地とするための借地権の対価については、譲渡所得として取り扱われます。

通常、土地を貸し付けた場合には、あなたのように借地権の設定の対価として、権利金などの一時金を受け取るのが通例です。この場合に、受け取った権利金などの一時金は、原則として不動産所得となります。ただし、権利金などの額がかなり多い場合や、実質的に土地の一部分を譲渡したこととその効果が変わらないような場合は、資産の譲渡があったものとして取り扱われます。その場合には、借地権や地役権の設定の対価として受け取った権利金であっても分離課税の譲渡所得となります。

あなたの場合、分譲地とするために借地権を設定していますから、相手方にとっては建物の所有を目的とする借地権の設定といえます。建物の所有者が別に存在しますので、この借地権は簡単に返還することはできません。ですから、この場合に得た権利金は、譲渡所得として課税されることになります。

なお、譲渡所得として取り扱われるためには、権利金として見合う額の対価を受け取っていることも要件のひとつです。まず土地そのものの時価を算定します。建物の所有を目的とした借地権を取得するための対価として、土地の時価の２分の１を超える額を受け取った場合、地主はその受取額を譲渡所得として税務申告を行います。

管理委託方式でアパート経営を行う場合、課税はどのように行われるのでしょうか。

管理会社の管理費収入は法人税が課税されます。家賃収入と管理会社からの給与収入には所得税が課税されます。

管理委託方式とは、家賃の収納代行や補修などの管理を行う会社を設立し、その社員として不動産経営を行う方法です。

サブリース方式（194ページ）と形態が似ていますが、違いは貸主と入居者との間で直接賃貸借契約が結ばれるという点です。つまり、入居者の家賃はそのまま貸主の不動産収入となります。貸主は、受け取った家賃収入の中から管理会社に対して管理費を支払います。そして管理会社は、管理費収入から貸主へ給与を支払います。

整理すると、家賃収入と管理会社からの給与が貸主の収入ということになります。家賃収入については、これまで通り不動産所得として計算します。ただし、新たな費用として管理費の支払が発生します。管理費を支払った分だけ、当然ながら不動産所得は少なくなりますし、一方で管理会社の法人所得は増えるというわけです。

個人所得に係る所得税と法人所得に係る法人税とでは、税率構造も異なります。つまり管理費の設定金額しだいで、税金の負担は変わってきます。管理費として授受する金額は自由に決めることができます。ただし、客観的に見て業務に釣り合わないような金額は避けるべきです。

管理委託方式の注意点としては、管理会社にどのような業務を委託するのか、あらかじめきちんと決めておく必要があります。管理会社と貸主の業務内容をきちんと線引きし、あいまいにならないようにするということです。管理委託方式の場合、不動産のオーナーは、貸主と管理会社の社員という２つの立場を持つことになりますが、当然ながらこれらのお金や帳簿、書類も分けて管理する必要があります。

また、管理会社が実態のないものとみなされないように、業務を委託している事実を示す書類等を作成しておく必要があります。まず大前提として、管理業務が委託されている事実を明らかにするために、貸主と管理会社との間で契約書を作成します。その他には、たとえば家賃の収納を管理する書類や、要修繕箇所のリストなども考えられます。さらに、委託された業務を遂行した事実を確認できるものとして、日々の業務に関する業務日誌や作業リストなども作成しておくとよいでしょう。万が一税務調査が入った時のための対策としても有効です。

■ 管理委託方式

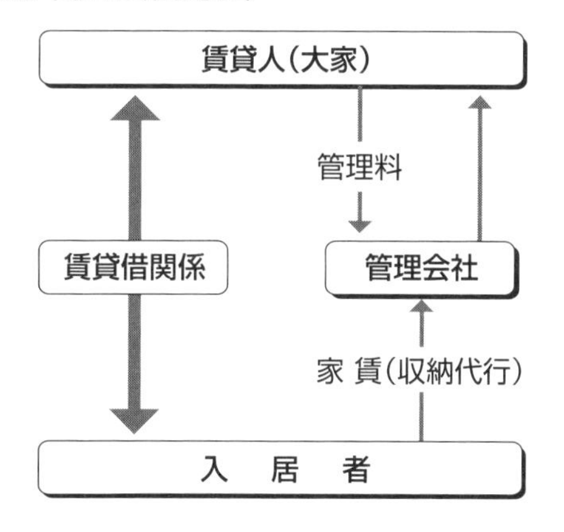

・賃貸人は入居者から家賃を受け取るが、管理会社が家賃収納代行などの管理を行うことができる

・賃貸人は管理の対価として「管理料」を管理会社に支払う。管理料が管理会社の収益

サブリース方式でアパート経営を行う場合、税務面において注意すべきことはありますか。

金額設定や契約書類など、準備をきちんと行う必要があります。

サブリース方式とは、不動産管理会社（保証会社）が賃貸物件を長期間一括で借り上げし、転貸することです。入居者募集や管理の手間が省けますし、空室が出てしまってもサブリース料（不動産管理会社から賃貸人に支払われる金銭）を受け取ることができます。

ただ、デメリットもあります。たとえば、サブリースの契約締結から数か月間は賃貸人にサブリース料が支払われないという、免除期間が設定されていることがあります。また、契約更新時には賃貸状況にあわせてサブリース料を改定する保証会社もあるため、収入が減少してしまう場合もあります。サブリースの場合、保証会社は管理料や保証料という名目で満室時家賃の10～20％を差し引くことになります。都心エリアや築浅物の優良物件であれば、直接賃貸した方がよい場合もあります。

建物のオーナー（賃貸人）である個人が、「サブリース法人」を設立するという方法もあります。この場合、まずオーナーから法人へ不動産を賃貸し、入居者はこの法人と賃貸借契約を交わすことになります。サブリース契約の場合、管理料は法人の収入となります。法人化することにより個人経営と比べて結果的に建物のオーナー（賃貸人）にとって節税となることがありますが、管理会社としての実態がないと場合によっては脱税と判断されてしまう危険があります。契約書など、実態を示す書類もきちんと準備しておくとともに、管理料、オーナーが受け取るサブリース料、役員報酬といった項目について相場を調べ、税務調査に対応できるように準備しておかなければなりません。

●倒産した場合の対処や解約が難しい

保証会社も民間企業ですので、倒産するおそれがあります。万が一保証会社が倒産してしまうと家賃を支払ってもらえない上に、入居者から預かった敷金も戻ってこなくなってしまいます。また、賃貸人の都合でサブリース契約を解除する場合には違約金を支払わなければならないこともあります。新たに保証会社を見つけようとしても、すぐに見つかるとは限りません。当初のサブリース契約時には新築であっても、解約して違う業者に依頼する際には条件が変わっていることもあるからです。保証会社を選択する際には十分に比較検討する必要があります。

■ サブリースのしくみ

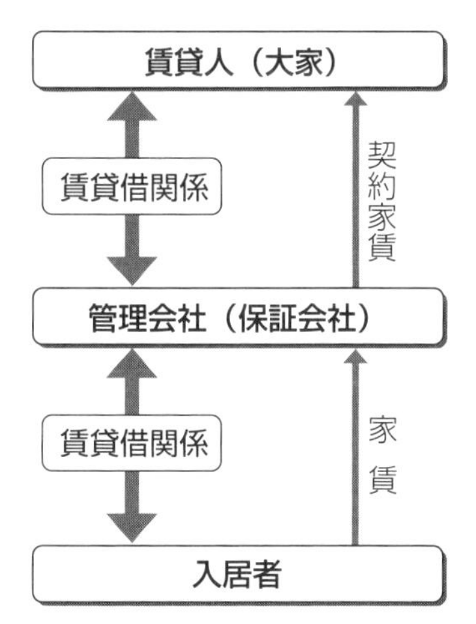

・管理会社は、建物全体を一括して賃貸人から借り上げ、入居者に転貸（又貸し）する
・入居者から家賃を得ながら、賃貸人に契約で定められた「契約家賃（借上家賃）」を支払う
・空室や家賃滞納があっても、賃貸人には「契約家賃」が入る

Question 16 サブリース物件の所有者は、転借人に対して、直接自分に対して家賃を支払うように請求できるのでしょうか。

Answer 賃借人に対する賃料債権の範囲で転借人に対して直接請求できます。

サブリース契約とは、不動産の所有者（貸主）からマンション等の不動産を借り受けた人（借主・転貸人）が、さらに複数の第三者（転借人）に対して、各居室の賃貸借契約を締結するという方式です。サブリース契約では、賃貸人が知らない不特定多数の第三者が、実際に賃貸物件に入居することになるため、本来賃貸人と賃借人との間の信頼関係に基づいて成立する賃貸借契約の趣旨に反しないよう配慮が必要です。

そこで民法は、サブリース契約のように、転貸借が行われる場合には、賃貸人の承諾が必要であると規定しています。さらに民法において、「賃貸人と賃借人との間の賃貸借に基づく賃借人の債務の範囲を限度として、賃貸人に対して転貸借に基づく債務を直接履行する義務を負う」と規定されていますので、賃貸人は転借人に対して、直接賃料の支払いを求めることが可能です。したがって、本ケースのようにサブリース物件の所有者は、賃貸人として転借人であるサブリース物件の入居者に対して、直接賃料の請求を行うことが可能です。もっとも、賃借人に対して請求できる範囲が限度とされていますので、賃借人が支払うべき賃料が、転借人が支払うべき賃料を下回る場合には、賃借人が支払うべき金額の範囲で、転借人に請求できるにとどまることに注意が必要です。

サブリース契約のもとになっている賃貸借契約が解除された場合に、貸主は入居者の退去を求めることができるのでしょうか。

賃貸借契約が合意により解除された場合、原則として退去を求めることはできません。

サブリース物件の所有者（賃貸人）が承諾し、有効に存在しているサブリース契約において、入居者（転借人）と直接賃貸借契約を結んでいる賃借人（転貸人）と賃貸人との間の賃貸借契約が解除された場合、サブリース契約はその基礎を失うことになります。したがって、賃貸人から退去を求められた入居者は、これに応じなければならないものと思われます。

しかし、これでは元の賃貸借契約の当事者の意思によって、入居者を自由に退去させることが可能となり、入居者の保護が不十分になってしまいます。そこで、平成29年の民法改正では、賃借人が適法に賃借物を転貸した場合、賃貸人は、賃借人との間の賃貸借を合意により解除したことを、転借人に対抗することはできないことを明記しています。したがって、本ケースで元の賃貸借契約を合意により解除したとしても、原則として、賃貸人は入居者に対して退去を求めることはできません。もっとも、合意により解除された時に、賃貸人が債務不履行による解除権（賃借人の賃料滞納による解除権など）を有していた場合もあります。その場合は、サブリース契約の基礎である元の賃貸借契約の消滅について、賃借人に落ち度がありますので、合意による解除後に、賃貸人は入居者に対して退去を求めることができます。

サブリース契約の更新拒絶をしたいのですが、どのような場合にできるのでしょうか。

賃貸人が建物一棟を利用する必要性があるなど、正当事由があることが必要です。

サブリースにもデメリットがあります。たとえば契約更新時には賃貸状況にあわせてサブリース料が改定される場合があり、減額改定されると、賃貸人の収入が減少します。将来的に当初見込んだ通りのサブリース料が得られるとは限りません。

サブリース契約も、賃貸人と不動産管理業者との間で、賃貸借契約を結んでいるため、一般に借地借家法の適用があることは訴訟等において裁判所も認めています。

たとえば、不動産管理業者がサブリース料と比較して高額な転貸料を取得して、不当な利益を得ているために、賃貸人が契約の更新を拒絶したいと考えたとしましょう。この場合、サブリース契約を期間満了に基づき終了させる場合には、借地借家法に基づいて更新拒絶通知が必要になる他、正当事由が必要です。

正当事由は、賃貸人がその建物を利用する必要性が、不動産管理業者がその建物を利用する必要性を明らかに上回るような場合、または、立退料の支払いの申し出があるなどの事情を総合的に考慮して判断されますが、一般的に一括的に借り上げが行われているサブリース契約では、一棟の建物全体を、賃貸人が利用する必要性が高いと認められる場合は少ないといえ、正当事由があると認められるケースは多くはないと考えられます。

不動産所有方式でアパート経営を行う場合、税務上どのような点に注意すべきでしょうか。

土地を法人名義に変更してしまうと売却とみなされ課税されます。個人名義のまま借地権を設定する方が節税になります。

不動産所有方式とは、不動産そのものを法人の所有にして、収入から管理まですべてを法人経営で行うことをいいます。つまり入居者と賃貸借契約を結ぶ貸主は法人で、元の貸主は社員として法人から給与を受け取るという形態になります。

不動産所有方式の場合、所有者を法人に変更するときには少し注意が必要です。個人と新たに設立した法人とは独立した存在であるため、ただ名義を変更するだけでは、法人へ「無償で譲渡した」ということになり、両者に対して課税されてしまいます。そこで、元の所有者である個人は、不動産に見合った価格での売却という手続きを踏んで、法人へ登記を移す必要があります。

土地と建物がある場合は、たとえば、「土地は個人のもので、建物は法人のもの」など所有者を分けて活用する方法もあります。土地は売却時の含み益が大きくなってしまう場合もありますが、建物は年数の経過とともに価値が減少するため、購入資金も比較的少なくすみます。ただし、土地の所有者は個人のままであるため、法人は個人から借地権（土地を借りる権利）を取得したことになります。借地権を無償で譲渡した場合ですが、一定の手続きにより、権利金の認定課税を回避することが可能です。

不動産所得の課税について その他どんな注意点がありますか。

臨時所得の平均課税による減税が認められるケースもあります。

土地を貸して権利金・契約金・補償金等として受け取ったお金は不動産所得となります。これらはいわば臨時収入ですから、その年の課税所得が大幅に増え、所得税の負担が大きくなってしまいます。そのような場合に納税者が納税資金に困らないよう、臨時所得の平均課税という制度により、税額が軽減される場合があります。たとえば3年以上の賃料の一括受け取りや、権利金や増改築承諾料、借地条件変更承諾料、借地権譲渡承諾料・更新料として賃料の2年分以上の金額を受け取った場合などに適用されます。

臨時所得の平均課税の適用を受ける場合には、「変動所得・臨時所得の平均課税の計算書」に必要事項を記載し、確定申告書に添付して提出する必要があります。

臨時所得の平均課税の税額計算はやや複雑です。総所得金額を臨時所得の5分の4の金額とそれ以外の金額に分けた上で税額を計算することになりますが、実際の計算は簡単ではありません。ただ所得税は所得が大きいほどより高い税率が適用されるため、結果として、臨時所得を含めた所得全体で税額を計算するよりも低い税率を適用することができます。そのため、税額を低く抑えることが可能になります。

賃貸ビルのオーナーです。1階部分が店舗、2階より上が居住用です。これらの賃貸料収入は消費税の対象になりますか。

店舗の賃料は消費税の対象となります。居住用部分の賃料の消費税は非課税です。

不動産収入については消費税がかかることがあります。消費税の課税対象となる取引のうち、その性格上課税することが適当でない、もしくは医療や福祉、教育など社会政策的な観点から課税すべきではないという理由により消費税が課されない取引があります。本来は課税取引に分類される取引ですが、特別に限定列挙して課税しないという取引です。これを非課税取引といいます。不動産から収入を得る取引の中にも非課税取引に該当するものがあるため、消費税を計算する上で注意が必要です。

不動産業に関係する取引の場合、土地の譲渡、貸付、住宅の貸付は消費税の性格上課税することが適当でないものとして非課税取引とされています。なお、1か月未満の土地の貸付や住宅の貸付は非課税取引には該当しません。

一方、事務所や店舗など事業用物件の貸付や、同じ土地の貸付であっても駐車場としての貸付で得た収入などについては、消費税が課税される取引として考えられます。特に住宅以外の建物（貸事務所等のテナントなど）の貸付については、原則として消費税が課されるという点は知っておく必要があるでしょう。

アパート・マンション経営で消費税の還付が受けられるのはどんな場合でしょうか。

修繕等の支出が多い場合、原則課税の計算により還付が受けられる場合があります。

アパート・マンション経営では、消費税の申告も関わってきます。増改築や修繕など、課税売上高を上回る大きな支出があった場合、申告により消費税が還付されます。事業者の前々年の課税売上高が1000万円を超えると、一部の例外を除き、消費税の申告義務があります。しかし、家賃収入は消費税が非課税のため、申告義務が生じないケースの方が多いようです。申告義務がない免税事業者が還付を受けようとする場合、事前に「消費税課税事業者届出書」を税務署に提出し、消費税の課税事業者になっておく必要があります。ただし、いったん課税事業者となった場合、2年間継続適用されますので慎重に検討する必要があります。

すべての課税事業者が還付を受けられるわけではありません。消費税の計算方法には実は大きく分けて原則課税方式と簡易課税方式という2つの方法があります。簡易課税方式は、預かった消費税にみなし仕入率という原価率を掛けることで支払った消費税を計算するという、簡便な計算方法です。ところが、このような計算の仕組みであるため、申告すべき消費税、つまり預かった消費税から支払った消費税を差し引いた金額は通常マイナスになりません。したがって、この方式を選択している場合は改築や大規模修繕などの臨時的な支出による還付を受けることはできません。

個人でアパート経営をするよりも会社を設立して経営した方が節税になると聞いたのですが、本当でしょうか。

赤字かつ他に所得がある場合は個人の方が節税となるケースもあります。

法人を設立し、アパート経営を法人形態で行うという方法もあります。いわゆる法人成りです。法人には、法人税、法人住民税、法人事業税が課せられます。事業規模が大きくなってきた場合、法人成りにより節税効果が得られることもあります。

所得税は累進課税方式であるため、所得が高くなるに従い税率が上がります。一方、法人税は、一定の中小企業には軽減税率の特例がありますが、基本的に税率は一律です。そのため、所得が高くなれば、法人税の方が所得税よりも税率が低くなります。

法人成りをした場合、設立した会社から役員報酬を受け取るという形をとります。事業の儲けには法人税率が適用され、社長自身は給与所得者となります。給与所得には給与所得控除という所得から控除される金額があるため、受け取った役員報酬からいくらか減額されたものに対して所得税が課税されることになります。

なお、赤字が予想される場合で、他の所得があれば、法人成りしない方が節税となるケースもあります。所得税には所得税の損益通算といって、赤字部分をその年度の他の所得から差し引く制度が適用される場合があるからです。法人の場合、損益通算はできませんが、翌期が黒字であれば当期のマイナス分（欠損金）を繰り越して翌期の儲けから控除することができます。

会社形態でアパート経営をしようと考えているのですが、どんな点に注意すべきでしょうか。

役員報酬の金額の設定、設立時のコストや出資額の及ぼす影響についても、十分検討すべきです。

設立された法人は独立した存在となります。ですから、たとえば社長と会社との間のお金のやりとりについて、会社への寄附や社長への報酬と判断されれば、思わぬところに課税されてしまうことになります。会社と個人では、お金の動きを線引きする必要があります。役員報酬についても、決算の段階などで業績に応じた都合のよい金額を決めることはできません。法人税法上、役員報酬として認められる支給方法には制約があるからです。経費に算入できる役員報酬は、毎月同額を支給する「定期同額給与」や、賞与として事前に届け出た額を支給する「事前確定届出給与」などに限られています。もし届出以外に臨時で報酬を支給した場合には、税務上は経費として認められず、その年の儲けに加算して税金が課せられることになります。つまり、どのように社長の役員報酬を支給するのかも、節税対策の重要なポイントといえます。

また、法人を設立する場合、登記費用、実印の作成、司法書士手数料など多少の費用と手間がかかります。資本金を1000万円以上に設定してしまうと、強制的に消費税の課税事業者となってしまいます。法人を設立する際には、このような点に注意しながら十分検討した上で行うようにしましょう。

マンションの一室を民泊ビジネスに活用することはできないのでしょうか。

民泊特区などを除き、原則として民泊ビジネスはできませんが、規制緩和に向けて住宅宿泊事業法の成立などの法整備が進められています。

最近大きく話題になっている「民泊」とは、自分が居住用に使用している家や別荘、投資目的で所有している部屋などを、主にインターネットを通じて、観光客などに紹介し、宿泊施設として有料で貸し出すサービスのことです。また、個人間で貸し借りするという点も、民泊の特徴のひとつになっています。

もっとも、対価（宿泊料）を得て人を宿泊させる営業については旅館業法の規制を受け、行政の許可を得る必要があります。しかし、旅館業法に定められた要件は厳しく、簡単に営業許可を取得することができません。民泊施設の中には旅館業法上の許可を得ていない違法状態で営業を行っているケースも多くあります。

また、行政側としても、宿泊料を得ているのか、営業といえるのか、その判断基準が難しいため、現状では摘発に至らないケースが多く、「民泊は法的にグレーゾーン」という誤った認識も広まっています。2018年２月現在、マンション一室のみを民泊ビジネスに活用するケースでは、玄関帳場（フロント）設置義務、建物の用途変更（100㎡以上の床面積を一定の事業等に供する際に必要な建築基準法上の手続き）、消防設備などの課題があり、適法といえるものは多くありません。民泊ビジネスに適した物件は戸建てのみで、マンションなどについては、一棟丸ごと民泊ビジネスに転用する場合のみ検討の余地があると考えられます。

なお、増加傾向にある外国人旅行客の宿泊施設の受け皿として、特区民泊の設置や旅館業法施行令の一部改正によって、規制緩和が行われています。また、事前届出により年間180日以内（原則）の民泊事業を認める住宅宿泊事業法が成立し（2018年6月15日に施行予定）、民泊解禁に向けて法整備が進められています。

●特区による方法もある

2018年2月現在、民泊ビジネスをするには、旅館業法上の簡易宿所営業の許可を取得するのが原則です。しかし、旅館業法上の簡易宿所の許可を取得する以外にも、適法に民泊施設を営む方法として、国家戦略特別区域法に基づく旅館業法の特例制度を活用した特区民泊（国家戦略特別区域外国人滞在施設経営事業）があります。

旅館業法上の簡易宿所として営業許可を得る際、居住用の物件を活用するとき、玄関帳場（フロント）の設置が必要ですが、国家戦略特別区域内で営業しようとする場合、民泊条例が制定されていれば、玄関帳場が設置不要となる傾向にあります（条例で設置義務が定められていることもあります）。2018年2月時点では、東京都大田区、新宿区、大阪府、大阪府大阪市、福岡県北九州市、新潟県新潟市の各自治体で民泊条例が制定されています。

宿泊者との契約の形態も異なり、簡易宿所では宿泊契約を結ぶのに対し、特区民泊では賃貸借契約を結びます。基準となる居室の床面積は、特区民泊では25㎡以上です。旅館業法施行令が改正され、簡易宿所では床面積要件が33㎡以上から1人当たり3.3㎡以上に緩和されたため、簡易宿所よりも特区民泊の方が厳しくなっています。宿泊者の宿泊日数は、特区民泊では2泊3日以上（区域により6泊7日以上）と日数制限が設けられています。

ビジネスに適した物件かどうかをどのように判断すればよいのでしょうか。民泊ビジネスに適さない物件もあるのでしょうか。

民泊ビジネスには戸建て物件が最適です。アパートやマンションについては、一棟丸ごと必要になるのが原則です。

民泊ビジネスの収益性に注目が高まる反面、適法に民泊ビジネスを行えない物件も多く存在しています。これは「Airbnb」などの民泊仲介サイトに登録されている物件であっても同様で、法令違反で摘発されるケースもあります。2018年６月15日の施行が予定されている住宅宿泊事業法（2017年６月成立）においては、民泊ビジネスに関する多くの規制緩和が見込まれていますが、この法律の施行前に限らず、施行後であっても、民泊ビジネスには適さない物件も多くあることに注意が必要です。

2018年２月現在、民泊ビジネスに適した物件は、旅館業法をはじめ、建築基準法、消防法、都市計画法などの要件をクリアできる物件といえます。なお、これらの法律は各自治体の条例で緩和または厳格化されていることがありますので、あらかじめ担当窓口へ確認しましょう。上記の法律以外にも、バリアフリー新法（条例）や景観法（条例）など、建物に関する種々の法令を遵守しなければならない場合もあります。

●立地をチェックする

適法に民泊を行えるか否かの立地条件です。都市計画法では、住居、商業、工業など地域の特性に基づき12種類の分類がなされていますが、このうち旅館（簡易宿所）の営業ができるのは「第一種住居地域、第二種住居地域、準住居地域、近隣商業地域、商業地域、準工業地域」の６種類の用途地域とされています。ただし、上記以外であっても各自治体が特別用途地区など、用途制限を緩和している地域では旅館の営業を行うことができます。

なお、今後の施行が予定されている住宅宿泊事業法では、建物の用途が「住宅」のままで宿泊事業を行うことが前提とされているため、住居専用地域でも民泊ビジネスが行える見込みです。

●違法建築物と既存不適格建築物

これから中古物件を購入する場合、検討している物件が増改築されており、建ぺい率あるいは容積率が超過していないかに注意する必要があります。また、建築確認申請のされていない増改築でないか、接道条件を満たさなくなっていないか（４m以上の道路に２m以上接しているか）などの確認が必要です。

現行法上では、建ぺい率や容積率を超過しているものの、新築時や建築確認申請時の法律では適法であった建物の場合は、既存不適格建築物と呼ばれ、用途変更などの確認申請をする際に建物全体を現行法令に適合させる必要があります。したがって、床面積が100㎡を超える既存不適格建築物物件についても民泊ビジネス活用が困難な物件といえます。

●その他のチェックポイント

大きく分けると、①玄関帳場設置可否、②水回り設備、③客室面積等となります。

①　玄関帳場設置可否

玄関帳場は、建物の入口すぐの場所に自治体ごとに定められた面積以上確保できる物件でなければ、許可を取ることができません（東京都大田区の場合、３㎡以上）。また、天井高さの２分の１以上開口部が必要などの要件がある自治体もあります。

②　水回り設備

主な水回り設備は、浴室・便所・洗面です。多くの場合、浴室は浴槽付きで、浴室の前に脱衣所が備わっている必要があります。便所は収容人員ごとに個数が定められている自治体（５人ごとに１個など）もあり、手洗いを設置する必要があります。

③　客室面積等

客室の延床面積（床面積の合計）は、3.3㎡に宿泊者の数を乗じる面積以上なければなりません（３名の場合は9.9㎡以上）。さらに寝室面積（客室のうち寝ることが可能な面積）については、洋室の場合は１名につき３㎡以上、和室の場合は2.5㎡以上必要です。この面積には、設置された固定の机や扉の開閉スペースなどが除かれます。客室の窓面積として、合計客室面積の８分の１以上の広さがなければなりません。

■ 民泊物件の選び方（2018年２月現在）

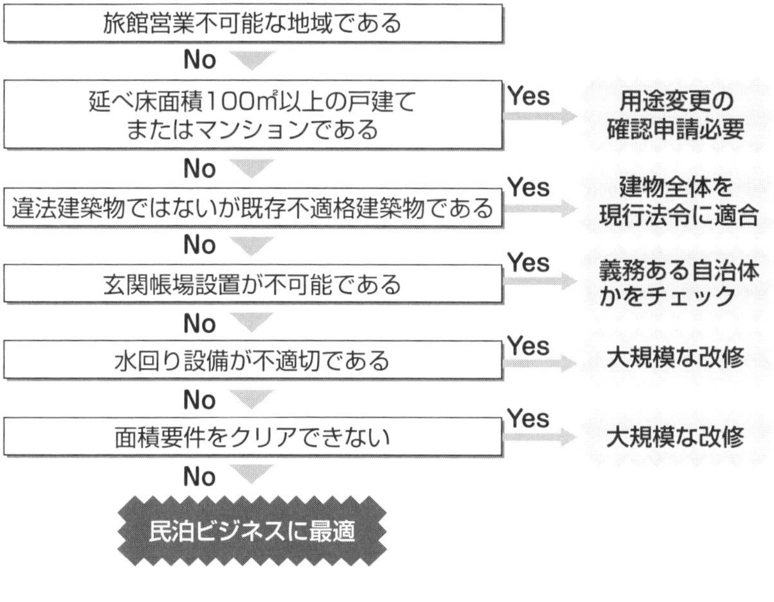

旅館営業不可能な地域である
↓ No
延べ床面積100㎡以上の戸建てまたはマンションである → Yes → 用途変更の確認申請必要
↓ No
違法建築物ではないが既存不適格建築物である → Yes → 建物全体を現行法令に適合
↓ No
玄関帳場設置が不可能である → Yes → 義務ある自治体かをチェック
↓ No
水回り設備が不適切である → Yes → 大規模な改修
↓ No
面積要件をクリアできない → Yes → 大規模な改修
↓ No
民泊ビジネスに最適

借主が貸家を利用して無断で民泊を経営しています。民泊経営を無断転貸として、賃貸借契約を解除することは可能でしょうか。

民泊の無断経営は無断転貸に準じて賃貸借契約の解除ができると考えられます。

借主が貸家を利用して民泊契約をしている場合、借主と宿泊客との間の契約は宿泊契約であり、賃貸借契約でないと考えられています（特区民泊は賃貸借契約、206ページ）。そのため、貸主に無断で民泊を経営していても、本来的には転貸借にあたりません。

しかし民法が、無断転貸が行われている場合に、貸主に対して契約解除権を認めているのは、賃貸借契約が貸主と借主との間の信頼関係に基づいているからです。つまり、賃貸借契約では誰が目的物を使うのかが重要事項であり、特に貸主にとっては、素性がはっきりしない人に転貸されることがないように、貸主に対して無断転貸に基づく契約の解除権を認めているのです。

本ケースのように、借主が無断で民泊を経営している場合、確かに宿泊契約と賃貸借契約という契約の性質は異なるものの、貸主が知らないところで、借主以外の人が貸家を利用することになるため、貸主との間の信頼関係を壊す行為であるといえます。ましてや民泊においては、利用客が不特定多数に及びますので、無断転貸の場合以上に、貸主が貸家を実際に利用する人を把握することが困難といえます。そのため、無断転貸の場合に準じて、貸主は、無断で民泊を経営している借主との間の賃貸借契約を解除することができると考えられています。

空き家を賃貸して有効に活用したいのですが、空き家について法律の規制はあるのでしょうか。

特定空き家等に指定された空き家は取り壊される場合があります。

近年、管理の行き届かない空き家が増加しています。「住宅・土地統計調査」（総務省）によると、平成25年10月現在における住宅の空き家率（空き家が総住宅数に占める割合）は13.5％（約820万戸）に達しています。

管理の行き届いていない空き家は、草木が生い茂って付近の景観を悪化させるにとどまらず、害虫や害獣が発生する、老朽化で崩れ落ちた外壁・柱などにより通行人や隣地の住民がケガをする、放火や空き巣などの犯罪を招き治安が悪化する、などの問題を引き起こす場合があるため、大きな社会問題となっています。

社会問題化する空き家問題への対応策として、空き家所有者と利用希望者をマッチングする空き家バンクが、主に市町村等の地方公共団体や地方公共団体から委託を受けた団体によって運営されています。さらに、空き家問題の対応に特化した法律として、平成27年に空き家対策特別措置法（空き家等対策の推進に関する特別措置法）が施行されました。この法律では、居住などの使用がなされていないことが常態化（１年以上）している建築物などを「空き家等」と定義しています。市町村長は、空き家等への調査や、所有者等を把握するために固定資産税情報を利用することができます。

●「特定空き家等」とは

空き家対策特別措置法では、倒壊のおそれのある危険な状態、著しく衛生上有害な状態、著しく景観を損なっている状態などにある空き家等のことを「特定空き家等」と定義しています。

特定空き家等については、その所有者等に対し、取壊しや修繕などの必要な措置をとるよう市町村長が助言・指導し、助言・指導に従わないときは勧告をすることができます。市町村長が特定空き家等の所有者等に対して、この勧告を行い、周辺の生活環境を保全するための必要な措置を要求した場合には、この特定空き家等に関する敷地について、それ以前に適用されていた固定資産税の住宅用地特例の対象から除外されます。

固定資産税の住宅用地特例とは、住宅用地の固定資産税額が200㎡以下の部分（小規模住宅用地）は6分の1に、200㎡を超える部分（一般住宅用地）は3分の1に、それぞれ軽減されるものです。しかし、特定空き家等として認定されて勧告を受けると、この特例が適用されず、固定資産税額が跳ね上がります。ただし、特定空き家等と位置付けられるだけではなく、除却・修繕・立木竹の伐採等の措置について、勧告以上の行政処分が行われた場合に、固定資産税の住宅用地特例の適用がなくなります。

そして、勧告に従わない場合は、必要な措置をとるよう命令がなされ、それでも従わなければ、代執行（行政代執行）の手続きにより強制的に特定空き家等が取り壊される場合があります。代執行の費用は特定空き家等の所有者が最終的に負担します（次ページ図参照）。

所有する不動産を空き家状態で置いておくのであれば、定期的に清掃や修繕を施すなどして、管理を怠らないようにする必要があります。とりわけ特定空き家等に指定されると強制的に空き家が取り壊される可能性が生じるので、特に注意が必要です。

●空き家を借家として活用することはできるか

従来からの空き家の活用法として、他人に賃貸・売買したり、空き家を取り壊して更地にすることなどが考えられます。活用方法を検討する場合に、使用していた家屋のコンディションがよければ売買や賃貸を検討することも有効ですが、老朽化が進んでいる場合には、更地の方が活用の幅が広がることもあります。

様々な事情により、「売却することはためらわれるけれども、空き家にしておくと、家屋が傷むとともに、固定資産税の負担が大きすぎる」という場合には、空き家を賃貸住宅として活用するという方法があります。これにより家賃収入が得られることになり、そこから固定資産税相当額を捻出することができます。

もっとも、元々の家屋に傷みがある場合や、賃貸に出すのに不都合な箇所がある場合には、あらかじめリフォームを行う必要があります。ただし、後から賃料収入により補てんできると安易に考え、大がかりなリフォームを行ってしまい、うまく借り手が見つからないことも考えられますので、十分に注意が必要です。

■ 特定空き家等の取壊しまでの手続き

◎法律：「空き家等の推進に関する特別措置法」

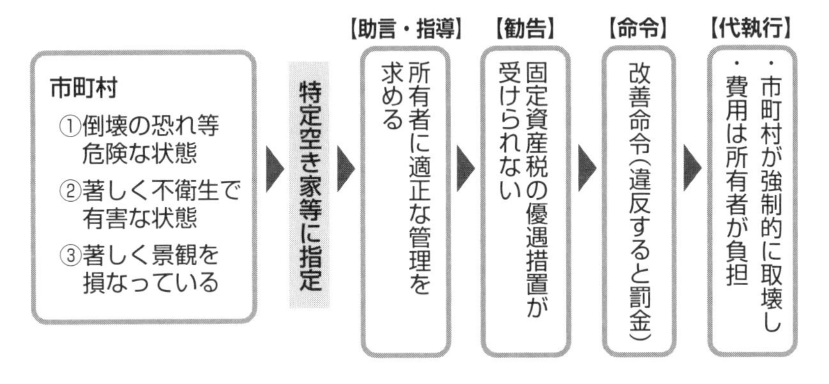

更地はどのように利用すればよいのでしょうか。

駐車業経営や不動産業者を通じて売却などの効率的な運用ができます。

空き家が建っているがゆえに、買い手や借り手が見つからない場合には、建っている家屋を取り壊して更地にして、土地を活用するという方法があります。更地とは、建物などの定着物（土地に定着した工作物、竹立木など）がなく、かつ、使用収益を制約する権利の付着していない宅地を指します。建物やその他の工作物が建っている土地は更地と呼ぶことができません。さらに、建物やその他の工作物が建っていなくても、その土地の使用収益を制限する権利がついている場合には、同じく更地と呼ぶことができません。たとえば、建物を建てる目的で土地の賃貸借契約を締結すると、その土地に第三者の借地権が生じます。

また、第三者が土地を通行することを目的に通行地役権を設定している場合もあります。これら制限のついた土地は更地に該当しません。このように更地と認められるには諸条件がありますが、更地にすれば賃貸駐車場にするなどの活用方法も考えられます。

自ら買い手や借り手を探すことが容易にできるようであれば問題ありませんが、それが困難だと感じる場合には、空き家とその敷地自体または空き家を更地にした土地について、不動産業者に売却や賃貸を仲介してもらったり、その管理を任せる（委託する）方が効率的な不動産の運用につながる場合もあります。

所有不動産の運用を考えているのですが、不動産信託とはどんな制度なのでしょうか。

不動産信託とは、委託者が受託者に不動産を託し、その管理・運用の結果生じた収益を受託者が受益者に分配する制度です。

信託とは、簡単に言えば、他人を信じて何かを託すということです。不動産信託においては、不動産の運用が託されることになります。信託契約では、何かを他人に依頼する者を委託者、依頼される者を受託者、信託契約によって利益を受ける者を受益者といいます。不動産信託契約には以下のような特徴があります。

①　不動産信託は不動産を管理するための制度である

不動産所有者である委託者が、受託者に不動産の所有権を移転することで信託が行われます。そのため、不動産の名義は委託者から受託者に変更されます。委任契約（何かを行うことを依頼する契約のこと）や寄託契約（物を預けて保管することを内容とする契約のこと）を締結しただけでは、不動産の名義人が移転することはありません。名義人が受託者に移転するという点が、不動産信託の特徴だといえます。

②　受託者は他人の不動産を預かることになるため、受託者に対しては厳しい義務や責任が課される

受託者に対して厳しい義務と責任を課すことで、委託者は安心して受託者と信託契約を締結することができます。そのため、信託法では、受託者に対して様々な義務と責任を課しています。

③　受益者が手厚く保護されている

不動産信託契約に基づく受託者から、受益者が受益権に基づく配当を受け取ることができるように配慮されています。

●信託契約の締結

信託をするには、①信託契約の締結、②自己信託、③遺言による信託、の３つの異なった方法があります。このうち信託契約は、委託者になる者と受託者になる者との間で締結します。

信託契約は、書面で締結する必要はありません。委託者と受託者との間で合意をすれば、それで信託契約は成立します。

しかし、信託は長期間存続する可能性が高く、契約期間中や契約終了後にトラブルが生じる可能性もありますので、通常は信託契約の内容は書面にします。

信託契約の中では、財産の譲渡、信託の目的、受託者が財産の管理をすることなどを規定します。契約書の中に「信託」という文字がなくても、これらのことについて規定されていれば、その契約は信託契約と認定されます。なお、不動産信託の場合は、契約書に所在地の住所も記載します。

■ 信託契約のしくみ

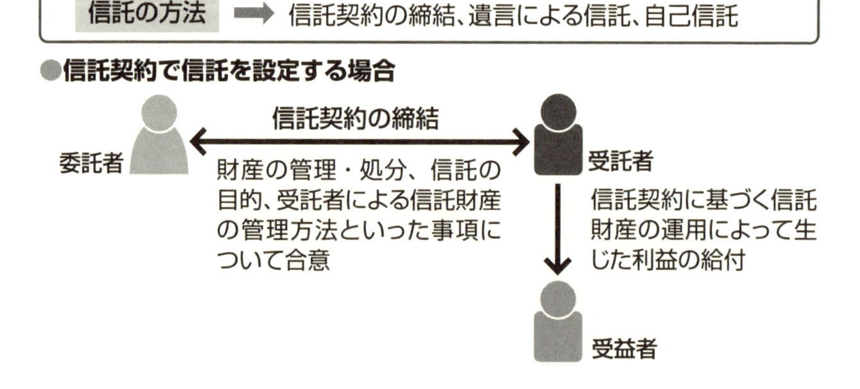

不動産信託を行った場合、税金はどのように課されるのでしょうか。

不動産信託にかかる収益については、発生時に受益者に対して課税されます。

不動産信託を行った場合は、原則的に運用収益が発生した時に受益者に課税されます。信託不動産の形式上の所有者は受託者であり、運用収益は一度受託者に帰属してから受益者に分配されることになります。しかし、信託制度の性格上信託財産である資産負債及び信託財産から発生する収益費用は受益者のものであるとみなして、その利益が発生した時に受益者に課税されます。受益者がいない場合には、信託の変更権限を有し、収益を受けることができる者が「みなし受益者」として課税されることになります。

●委託者以外の者を受益者とする信託の場合の課税関係

委託者と受益者が同一人である場合（自益信託）、信託契約の前と後で信託財産の所有者は同一であるため、信託の契約時に課税されることはありません。一方、委託者以外の者が受益者である「他益信託」の場合、信託の設定によって受益者は委託者から贈与により受益権を取得したものとみなされ、贈与税（受益者が法人である場合は法人税）が課税されます。

「受益権」とは、受託者から信託の運用利益等を受け取る権利、及びこの権利が脅かされそうになったとき、帳簿の閲覧や違反行為の差止めを受託者に請求する権利の総称です。委託者の死亡が原因で権利を得た場合はその受益者が遺贈（遺言による相続）によりその権利を取得したものとみなされ、相続税が課税されます。受益者が対価を払って受益権を取得した場合は、譲渡した委託者に所得税等が課税されます。

●受益者が追加・交代した場合にはどうなる

受益者が追加・交代した場合、新たに受益者となった者は、すでに受益者であった者から受益権の贈与または遺贈を受けたものとみなされ、贈与税・法人税または相続税が課税されます。

この場合の受益者には信託の変更権限を有し、信託財産の給付を受けることができる「特定委託者」も含まれます。なお、たとえば受益者が夫→妻→子どもと連続して定められているような「後継ぎ遺贈型信託」等の受益者連続型信託については、委託者兼受益者のときは課税されませんが、受益権が相続または贈与により移転するときは、相続税または贈与税が課税されます。

●信託終了時にはどのように課税されるのか

信託終了時に、受益者以外の者が信託財産の給付を受けた場合は、その帰属権利者は、受益者から贈与または遺贈によって信託財産の給付を受けたものとみなされ、贈与税・法人税または相続税が課税されます。

■ 信託契約の課税関係

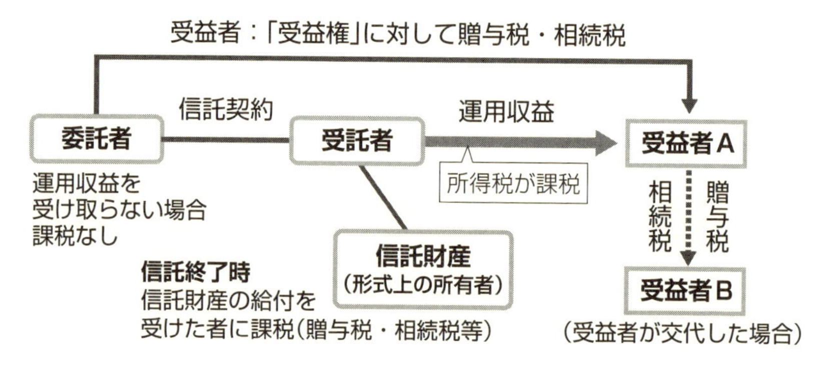

第5章

トラブルを予防・解決するための知識

賃貸トラブルの種類と解決法

家賃の滞納や敷金の返還をめぐるトラブル

借家契約の目的物は一戸建からアパート・マンションまで様々です。借家におけるトラブルとしては、家賃滞納の問題、家賃の増額や減額についての問題、転貸（また貸し）の問題、更新料の問題、立退きや立退料の問題、敷金や保証金の問題など、いろいろあります。その中でも家賃滞納によるトラブルや、敷金（保証金）の返還をめぐるトラブルが多く発生しています。家賃の滞納が３か月以上に及ぶと、家主と借家人との信頼関係は壊れたといえることが多いことから、契約の解除が認められます。

敷金や保証金は借家人が家賃を滞納した場合にその滞納分を補てんしたり、借家の明渡時に壊した建具などの修理にあてます。そういった費用がなければ、家主は預かった敷金や保証金は全額、借家人に返還する義務があります。ただ、契約書で「一定の敷金を清掃費などにあてるために差し引く」などの特約がある場合は、その特約は有効です。

借家のトラブル

借家を貸す際には、後日トラブルが発生することのないように、契約に先だって契約書の内容を借主にしっかり確認してもらう必要があります。

特に確認を求めるべき点は、①家賃の額（額の増減についてのとりきめなど）、②敷金の額（償却の有無や返還方法など）、③家賃の支払方法（持参か振込みかなど）、④契約期間（更新についての取り決めなど）、⑤借家の使用目的（住居などに限るのかどうか）、⑥賃借権の譲渡や転貸について（禁止なのかどうかなど）、

■ 借地借家をめぐるトラブル解決法

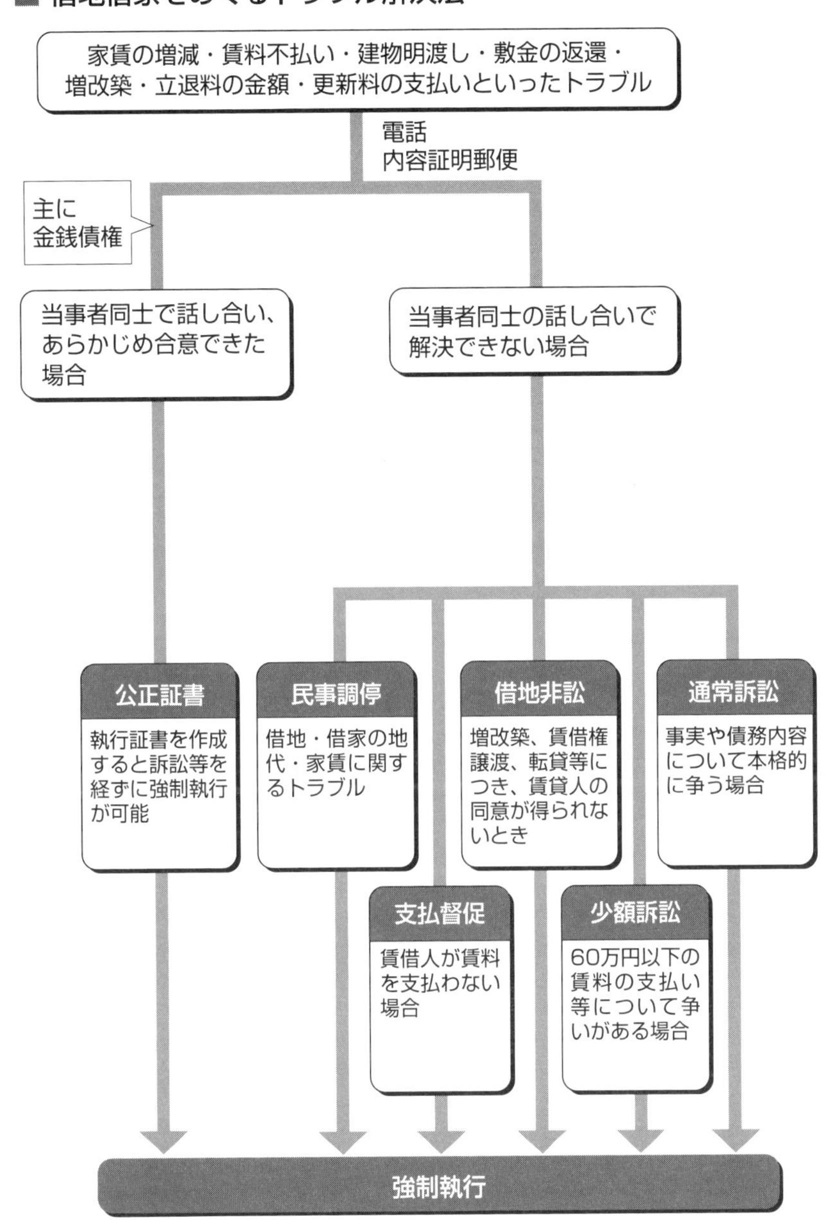

⑦家賃の滞納があった場合の処理、⑧借家の修繕の必要が生じた場合の処理（修繕義務者や費用負担者など)、などです。

借地のトラブル

借地契約は、地主が借地人に土地を貸し、又は地上権の設定を行い使用収益を認めることを約する契約です。地主は借地人から使用収益の対価として、地代（正確には賃借権の対価を賃料といい、地上権の対価を地代といいます）の支払いを受けることができます。

借地におけるトラブルには、賃借権の譲渡や転貸をめぐる問題、土地の明渡しや契約解除をめぐる問題、などがあります。トラブルを防ぐために、地主は借地人に契約書の内容をしっかり確認してもらう必要があります。

最終的には訴訟や強制執行によって解決する

家賃や地代の支払が滞っている借家人や借地人に対して法的手段を考える前に、債務者（借家人又は借地人）に事実上のプレッシャーをかけるために、内容証明郵便を利用すると効果的です。公正証書の作成もトラブルを予防する手段といえます。執行受諾文言付きの公正証書（執行証書）があれば、金銭債権等につき、訴訟手続きを省略して、いきなり強制執行をすることも可能です。当事者間でまとまった合意内容を簡易裁判所に申し立てて和解調書にしてもらう即決和解という方法もあります。また、借地非訟や民事調停のように裁判所に間に入ってもらうこともできます。

しかし、債務者の協力が得られないときにはやむを得ず、債務者を相手に、仮差押や支払督促、訴訟の提起という法的手段をとることになります。最終手段が訴訟ですが、訴訟にも短時間で解決できる少額訴訟（原則として１回の審理で判決が出されます）と通常の訴訟があります。

内容証明郵便の利用法

内容証明郵便とは

内容証明郵便は、誰が、どんな内容の郵便を、誰に送ったのかを郵便局に証明してもらえる特殊な郵便です。一般の郵便物でも書留郵便にしておけば、郵便物を引き受けた時から配達されるまでの保管記録は郵便局に残されます。しかし、書留では、郵便物の内容についての証明にはなりません。その点、内容証明郵便を配達証明付きにしておけば間違いがありません。郵便物を発信した事実から、その内容、さらには相手に配達されたことまで証明をしてもらえます。これは、後々訴訟になった場合の強力な証拠になります。書かれている内容自体はさほどのものでなくても、内容証明郵便で通知をすれば相手方に心理的なプレッシャーをかけることができます。

内容証明郵便は、受取人が１人の場合でも、同じ内容の文面の手紙を最低３通用意する必要があります。ただ、全部手書きである必要はなく、コピーでも大丈夫です。郵便局ではそのうち１通を受取人に送り、１通を局に保管し、もう１通は差出人に返却することになっています。同じ内容の文面を複数の相手方に送る場合には、「相手方の数＋２通」用意することになります。内容証明郵便は受取人にある程度のインパクトを与える郵便です。後々訴訟になった場合、証明力の高い文書として利用することにもなります。ただ、一度送ってしまうと、後で訂正はできません。

このことから、内容証明郵便で出す文書は、事実関係を十分に調査・確認した上で正確に記入することが必要です。

内容証明郵便の書き方

内容証明郵便で１枚の用紙に書ける文字数には制約があります。縦書きの場合は、１行20字以内、用紙１枚26行以内に収めます。横書きの場合は、①１行20字以内、用紙１枚26行以内、②１行13字以内、用紙１枚40行以内、③１行26字以内、用紙１枚20行以内の３つのパターンの書き方があります。つまり、用紙１枚に520字までを最大限とするわけです。もちろん、長文になれば、用紙は２枚、３枚となってもかまいません。ただ、枚数に制限はありませんが、１枚ごとに料金が必要になります。

内容証明郵便の出し方

こうしてできた同文の書面３通（受取人が複数ある場合には、その数に２通を加えた数）と、差出人・受取人の住所・氏名を書いた封筒を受取人の数だけ持って、郵便局の窓口へ持参します。郵便局は、近隣のうち集配を行う郵便局と地方郵便局長の指定した無集配郵便局を選びます。誤りがあったときなどのために、訂正用の印鑑を持っていくのがよいでしょう。

郵便局に提出するのは、内容証明郵便の文書、それに記載された差出人・受取人と同一の住所・氏名が書かれた封筒です。窓口で、それぞれの書面に「確かに何日に受け付けました」という内容の証明文と日付の明記されたスタンプが押されます。その後、文書を封筒に入れて再び窓口に差し出します。そして、引き替えに受領証と控え用の文書が交付されます。

差し出した郵便局では謄本を５年間保存しています。

内容証明郵便が届かなかった場合

賃借人が賃料を支払わないなどの債務不履行に陥っている場合、賃貸人が相当の期間を定めて履行を催告し、それでもなお、その

■ 内容証明郵便の書き方

用　紙	市販されているものもあるが、特に指定はない。 B4判、A4判、B5判が使用されている。
文　字	日本語のみ。かな(ひらがな、カタカナ)、 漢字、数字(算用数字・漢数字)。 外国語不可(英字は固有名詞に限り使用可)。
文字数と行数	縦書きの場合　：20字以内×26行以内 横書きの場合①：20字以内×26行以内 横書きの場合②：26字以内×20行以内 横書きの場合③：13字以内×40行以内
料　金	文書1枚（430円）＋郵送料（82円）＋書留料（430円） ＋配達証明料（差出時310円）＝1252円 文書が1枚増えるごとに260円加算

※平成28年10月時の料金

■ 内容証明郵便を書く際の注意事項

・句読点

「、」や「。」は１文字扱い

・□の扱い

文字を□で囲うこともできるが、□を１文字としてカウントする。たとえば、「角角」という記載については３文字として扱う

・下線つきの文字

下線をつけた文字については下線と文字を含めて１文字として扱う。たとえば「3か月以内」は５文字扱い

・記号の文字数

「%」は１文字として扱う。「㎡」は２文字として扱う

「」や（）などの括弧は全体で１文字としてカウントする

・１字下げをした場合

文頭など、字下げをした場合、空いたスペースは１字とは扱わない

期間内に履行がないときには、賃貸人は賃貸借契約を解除することができます。解除が訴訟で争われた場合は、催告の事実と相当の期間の定めの有無が争われますから、催告の事実を証明する手段として、内容証明郵便を利用する必要があります。

その一方で、相当の期間が経過して解除の通知を行う場合にも、何らかの事由で、賃借人に対して解除の通知が届かない場合があります。平成29年の民法改正では、「相手方が正当な理由なく意思表示の通知が到達することを妨げたときは、その通知は、通常到達すべきであった時に到達したものとみなす」という規定を新設しています。そのため、解除の通知を賃借人があえて受取らなかった場合（受領拒否）には、その時点で解除の通知は届いていたと扱われることになりました。そこで、解除の通知に関しても内容証明郵便を利用することで、賃借人が受領拒否を行った場合には、賃借人が催告の通知が到達することを妨げたという事実を、明らかにすることができます。

また、受領拒否以外の事情で、賃借人に届かなかった場合にも、賃借人に不在通知書が投函されるため、その後、解除の通知の受領については、賃借人サイドの問題になります。つまり賃借人が不在通知書を受け取った後には、７日以内に再配達の依頼を行うことになります。そして、賃借人が受領を拒否する目的を持って、再配達の依頼を行わなければ、解除の通知は借主に到達したものと扱われる場合もあり得ます。

もっとも再配達の依頼をしない場合、自動的に送付者である賃貸人に郵便は差し戻されるため、必ずしも賃借人が受領を拒否したと認められるわけではないことに注意が必要です。

書式　家賃滞納による契約解除の通知書

通知書

　私は貴殿に対し、後記の通りの条件で、当方所有の後記の建物を賃貸しておりますが、貴殿は、平成○○年○月分から平成○○年○月分までの賃料3か月分、合計金○○万円の支払いを怠っております。つきましては、本書面到達後7日間以内に滞納額全額をお支払いくださいますよう、ご請求申し上げます。

　もし、右期間内にお支払いのない場合には、あらためて契約解除の通知をなすことなく、右期間の経過をもって、貴殿との間の本件建物賃貸借契約を解除いたします。

記

1　賃貸物件

　東京都○○区○○1丁目1番1号

　家屋番号5番

　木造瓦葺2階建居宅兼店舗

　床面積　1階　50平方メートル

　　　　　2階　40平方メートル

2　家賃　　1か月金○○万円

3　家賃支払期日

　翌月分を毎月末日限り支払う

（以下、日付、差出人・受取人の住所・氏名省略）

供託

どんなときに利用されるのか

たとえば「将来の家賃の値上げの申入れ」をする場合、貸主は借主に対しその旨を内容証明郵便などによって伝えます。貸主より値上げの申入れがあり、借主が金額に納得できないときは、借主が「供託」という手続きをとる可能性があります。

供託とは、供託所という国家機関に財産を預けることです。借主が相当と認める額の賃料を貸主の「受領拒否」を供託原因とする弁済供託をすることにより、借主の賃料債務が消滅することになります。ただし、借地借家法上の借地契約や借家契約では、訴訟の結果、賃料の値上げが相当と判断された場合、貸主は、供託された額との差額（不足額）を借主に請求できるため（賃料増減請求権）、借主の供託により、貸主が家賃の値上げを行えなくなるわけではありません。

借主が供託した場合、貸主に対して、法務局から供託通知が送付されてきます。貸主は、法務局で借主が供託した供託金の払渡しを請求することができます。供託金を受領しても、借主の主張

■ 供託の手続きの流れ

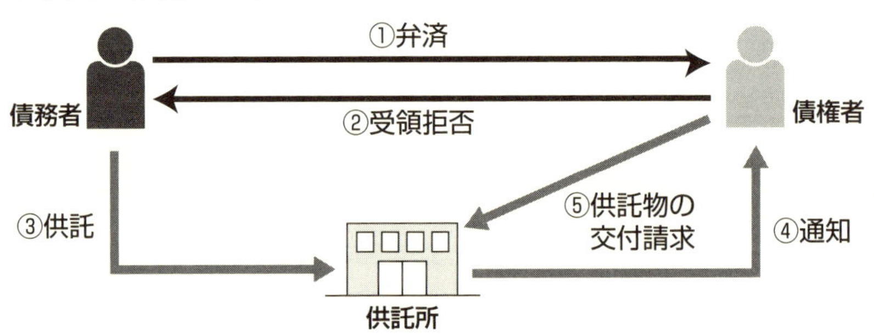

を認めることにはなりません。ただ、供託金の受領後は、借主に対して、「供託金につきましては、家賃の一部として取り扱うものとします」（下書式）といった文書を送付し、家賃の値上げを主張する姿勢を明らかにしておきましょう。

書式　供託された家賃を受け取るときの通知書

通知書

当社は貴社に下記の建物を家賃１か月金３５万円で賃貸してまいりましたが、平成○○年○月○日付けで、右家賃を１か月金４０万円に値上げする通知をいたしました。

ところが貴社は、当社の請求に応じず、平成○○年○月○日××法務局へ、平成○○年○月分の家賃として金３５万円を供託されました。そこで当社としましては、右供託金を、平成○○年○月分の新家賃の一部として受領いたしますので、ご承知おきください。今後もし貴社が供託された場合には、当社は貴社の供託金を新家賃の一部に充当いたしますので、あらかじめお断り申し上げます。

記

賃貸物件の表示〈省略〉

平成○○年○月○日

東京都○○区○○×丁目×番×号

株式会社△△△△

代表取締役　△△△△　印

東京都○○区○○×丁目×番×号

株式会社□□□□

代表取締役　□□□□　殿

裁判手続き

裁判の提起から判決まで

ここでは、訴訟の一般的な流れを概観しておきましょう。

① 訴えの提起

訴訟を起こすことを決断し、訴状を裁判所に提出します。

一般の訴訟は、地方裁判所か簡易裁判所のどちらかです。この２つのうちのどちらの裁判所になるかは、訴訟で主張される権利の価値（金額、訴訟物の価額）が140万円を超えるかどうかで決まります。140万円以下であれば簡易裁判所、これを超える場合には地方裁判所が管轄になるのが原則ですが、不動産関係訴訟（不動産の明渡訴訟や相隣関係訴訟）については、訴額が140万円以下であっても、地方裁判所にも訴えを起こすことが可能です。この金額は利息や遅延損害金を除く元本が基準になります。

② 訴状の送達と答弁書の提出

訴状が裁判所に受理された後に、裁判所書記官によって訴状が訴えられた側（被告）に送られます。訴状を受け取った被告は、答弁書を裁判所に提出します。答弁書は裁判所から原告に送り届けられます。

③ 第１回口頭弁論期日

口頭弁論とは、裁判官の前で口頭で訴えについての主張や反論を行うことをいいます。判決を下すには、必ず口頭弁論を開かなければなりません。裁判所は、原告・被告双方に対して第１回口頭弁論期日を指定します。第１回目の口頭弁論では、通常、原告が訴状に基づいて請求の趣旨を陳述し、被告は答弁書に基づいて訴えの却下や請求棄却を求める陳述を行います。

口頭弁論は必要があれば数回行われますが、終結するまでに行われた口頭弁論の全体が判決の基礎になります。

④　口頭弁論の終結から判決まで

判決は言渡しによって効力を生じます。言渡しは、公開の法廷で、裁判長が主文を朗読して行われます。判決の正本は、原告と被告に送られます。判決の言渡しによって、訴訟は一応のしめくくりを迎えます。訴訟当事者がその判決に異存がなければ、判決正本を受け取ってから２週間でその判決が正式に確定します。

裁判所の窓口の利用法

相手に請求する金額が140万円以下である場合には、簡易裁判所に訴えを起こします。簡易裁判所では、少額訴訟や民事調停、支払督促など便利な手続きを用意しています。

簡易裁判所を利用する場合、まずは窓口で相談するとよいでしょう。相談窓口では、どのような請求をしたら有利か、などという相談はもちろんできません。手続きの進め方に関する相談がメインですが、それでも、①紛争の相手方が誰であるのか、②紛争の内容はどのようなものか、③どのような証拠があるのか、などの質問をされることがあります。相談する前には、これらの点について事前に整理しておくとよいでしょう。

民事調停とは

調停は、第三者である調停機関が紛争の当事者双方の合意が得られるように説得しながら、和解が成立するために努力する手続きです。したがって、当初から当事者の対立が激しく、ほとんど歩み寄りの余地がない場合には適しません。

調停の申立ては、簡易裁判所に申立書を提出して行います。弁護士などの専門家に依頼せず、本人が申し立てることも可能です。

調停委員会は、原則として裁判官と民間人から構成され、委員には司法関係者の他に、大学教授や医者・建築家・公認会計士・不動産鑑定士といった各分野の専門家も選ばれます。

調停期日には、原則として本人が裁判所へ出頭しますが、仕事の都合や病気など、やむを得ない事情があれば、調停委員会の許可を得て、代理人を出席させることもできます。話し合いは、当事者と調停委員がテーブルを囲んで行われます。裁判官は手続きの要所要所に出席するだけで、主に２人の調停委員が当事者から事情を聞いて、紛争の要点を把握していきます。

調停が成立すると、調停調書には確定判決と同一の効力が与えられていますので、相手方が約束を履行しない場合は、強制執行に踏み切ることもできます。調停が合意にいたらないで終わっても、２週間以内に訴えを起こすと、申立手数料を民事訴訟の印紙代に充当できます。なお、調停を申し立てても、相手方が調停期日に出席しない場合や、出席したとしても合意が得られなければ、調停は不調に終わります。

支払督促

支払督促は迅速でしかも簡単に支払いを実現させる法的手続です。債権者からの申立てを受けて、裁判所が債務者に対し債務の支払いをするように命令（支払督促）を出します。このとき、申

■ 民事調停の手続き

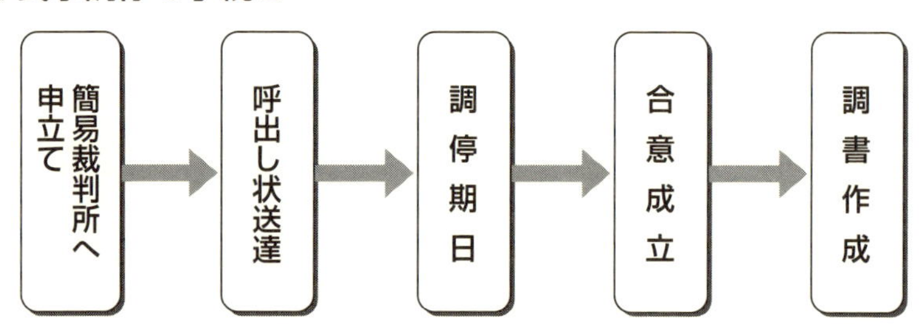

立てを受けた裁判所は、証拠調べや債務者に事情を聞くなどの行為は一切行わず、債権者の申立書を形式的に審査するだけで支払督促を出します。訴訟のように費用や時間はかかりません。

支払督促は、債権者の一方的な申立てに基づいて行うものですから、申立人の請求に誤りがあり、請求自体が不当だという場合には、債務者は異議を申し立てることができます。債務者からの異議があれば訴訟に移行することになっています。しかし、相手方から異議がなければ強制執行に着手することができます。支払督促を利用できる権利には制限があり、金銭または有価証券その他の代替物の一定量に関する請求に限られています。貸主が家賃や地代を請求する場合などに支払督促を利用することができます。

支払督促は、相手方の住所地を管轄する簡易裁判所の裁判所書記官に申立書を提出します。相手方が法人（会社など）であれば、本店の所在地または請求する債権が生じた支店や営業所の所在地を管轄する簡易裁判所に申立てをします。

■ 支払督促申立手続きの流れ

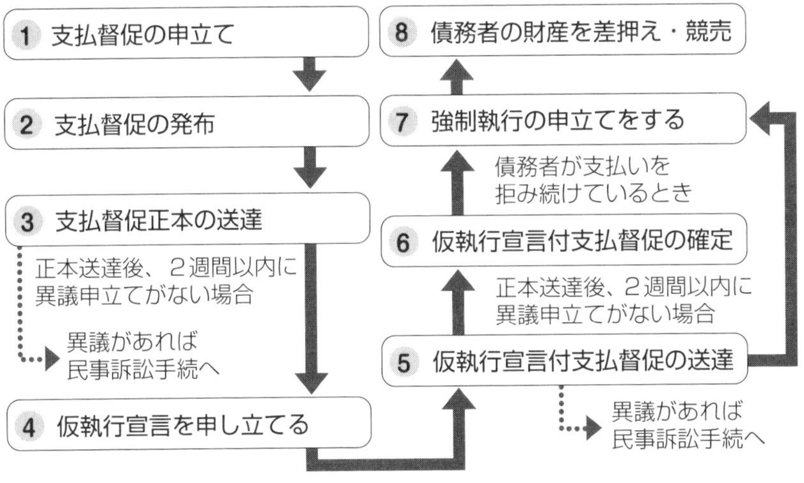

1 支払督促の申立て

2 支払督促の発布

3 支払督促正本の送達

正本送達後、2週間以内に異議申立てがない場合

異議があれば民事訴訟手続へ

4 仮執行宣言を申し立てる

5 仮執行宣言付支払督促の送達

異議があれば民事訴訟手続へ

正本送達後、2週間以内に異議申立てがない場合

6 仮執行宣言付支払督促の確定

債務者が支払いを拒み続けているとき

7 強制執行の申立てをする

8 債務者の財産を差押え・競売

支払督促の場合は請求金額がたとえ500万円であっても、簡易裁判所の書記官に申立てをします。支払督促は相手方に送達されることが条件になっていますから、たとえば債務者（借主）が国外にいて送達できないような場合には利用できません。

申立手数料は請求金額によって決まります。訴訟を起こす場合の手数料の半額です。手数料は収入印紙にして、申立書に貼ります。その他に、申立書の提出費用や送達費用として数千円が必要です。申立手数料は、相手方から異議が出て訴訟に移ったとしても、訴訟費用の一部に流用できるのでムダにはなりません。申立てが受理されると、裁判所書記官は債権者の請求を認めて支払督促を発付します。書面の審査も、所定額の収入印紙が貼られているか、郵券（郵便切手）が添付されているかなどの形式的なチェックや、請求の趣旨と原因が関連性のあるものになっているか、といった大まかな整合性を確認するだけです。

支払督促が発付されると、支払督促正本が相手方（債務者）に送達されます。相手方は、送達を受領した後２週間以内に異議申立てをしなければなりません。異議申立書は、特に不服の理由を記載しなくてもよく、印紙代も不要です。切手代はかかります。

送達受領後２週間しても相手方から異議申立てがなければ、債権者は裁判所に仮執行宣言の申立てをして、強制執行に移ることができます。仮執行宣言とは、訴訟の判決が確定していなくても、仮に強制執行してもよい、ということです。仮執行宣言の申立ては、その申立てが可能になった日から30日以内にしないと、支払督促自体が失効しますから注意が必要です。その後、仮執行宣言付支払督促が相手方に送達されます。これを受け取ってから２週間以内に相手方から異議申立てがなければ、支払督促は確定し、訴訟による確定判決と同じ効力をもつことになります。

少額訴訟

通常訴訟とは別に、裁判制度の利用の幅を広げるために導入されたのが少額訴訟制度です。

少額訴訟で扱われるのは、60万円以下の金銭の支払請求に限られています。そのため、たとえば、動産の引渡しを請求する訴えなどの場合には、この手続きは利用できません。

少額訴訟を提起する裁判所は、簡易裁判所です。同一の原告が同一の簡易裁判所に対して行うことができる少額訴訟の申立回数は、年間10回までに限定されています。このように利用回数が限定されているのが少額訴訟の特徴のひとつです。

通常の民事訴訟では、提出が認められている証拠について特に制限はありませんが、少額訴訟では、証拠調べはすぐに取り調べることができるものに限られています。これは、少額訴訟が、前述のように原則として１回の期日で審理を終わらせることを前提としているからです。証拠としては、出頭している当事者本人、当事者が連れてきた証人、当事者が持参した書証や検証物などを挙げることができます。

■ 少額訴訟の手続きの流れ

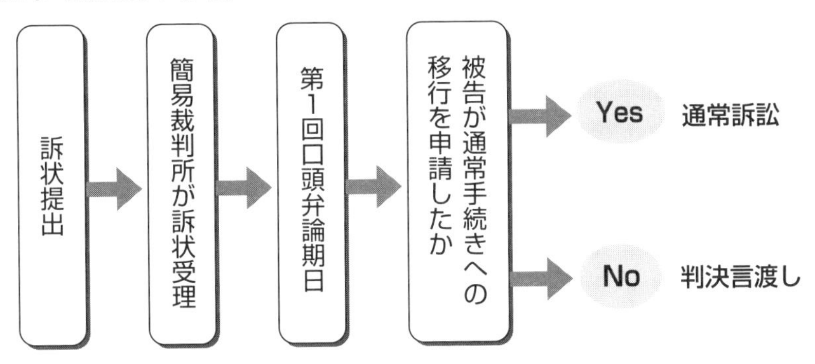

強制執行

強制執行とは

苦労して手に入れた勝訴判決でも、それだけでは権利の実現は完全ではありません。判決は、紛争に対する裁判所の判断にすぎません。被告が判決にしたがって、自主的に判決内容を実現してくれる場合はよいのですが、中には、判決など全く意に介さない人もいます。そのような場合には、強制執行をしなければなりません。強制執行は、国家機関が、権利者の権利内容を強制的に実現する手続きです。たとえば、滞納家賃の支払請求訴訟に勝訴した原告が強制執行する場合には、判決に基づいて裁判所や執行官などの執行機関が被告の財産を差し押さえ、競売にかけてお金に換え、それを原告に渡します。原告は、判決内容通りの結果を得られるのです。たいていの被告は、判決が確定すればそれに従うことが多いものですが、そうでない場合には強制執行手続が必要になってきます。

裁判に勝ったからといって、直ちに被告の財産に対し強制執行できるわけではありません。まず、強制執行の根拠となる債務名義と呼ばれるものを手に入れなければなりません。債務名義は確定した判決が代表的なものですが、それ以外に執行受諾文言付公正証書や調停調書・和解調書・仮執行宣言付支払督促などがあります。別の観点からいえば、強制執行は、後者のような債務名義があれば訴訟を経由しなくても可能であるということになります。次に、債務名義の末尾に「強制執行をしてもよろしい」という「執行文」をつけてもらいます。

さらに、あらかじめ債務者にあてて、債務名義の趣旨を送達するか、または執行と同時に債務名義を示すよう義務付けられています。そして債務者がその通知を確かに受け取ったという送達証明書を手に入れます。送達は、債務者に「こういう内容の強制執行をします」という予告です。債務者がこの時点で、自ら義務を果たすということもあり得ます。執行機関とは、強制執行を行う権限がある国の機関をいいます。通常は地方裁判所か、地方裁判所にいる執行官です。被告のどのような財産に強制執行するかについては、基本的に原告の自由です。被告が不動産をもっていれば不動産を対象に、そうでなければ家財道具などの動産や、給与や銀行預金などの債権を対象にします。

■ 主な債務名義

債務名義になるもの	備　考
判決	確定しているものでなければならない
仮執行宣言付きの判決	確定していないが一応執行してよいもの
支払督促＋仮執行宣言	仮執行宣言を申し立てる
執行証書	金銭支払につき強制執行が可能
仲裁判断＋執行決定	執行決定を求めれば執行できる
和解調書	「○○円払う」といった内容について執行可能
認諾調書	請求の認諾についての調書
調停調書	「○○円払う」といった内容について執行可能

■ 強制執行の手続き

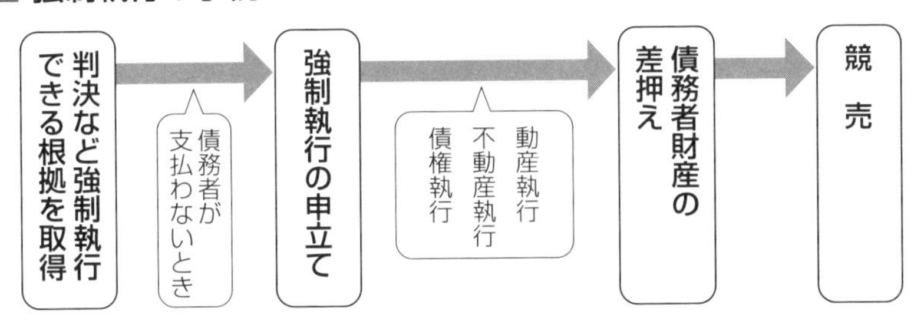

借地非訟

訴訟とは異なる緩やかな手続き

借地に関するトラブルについては、借地非訟という特別な手続きが用意されています。非訟手続きとは、民事上の紛争について、訴訟手続きによらない緩やかな手続きで処理できるように設けられたものです。通常の民事訴訟のように、当事者が対立する構造をとるのではなく、国家（裁判所）が間に入り紛争解決をサポートするものです。手続きは申立てによる他、裁判所の職権によっても開始されます。

また、審理は公開されず、裁判所の判断も、判決ではなく決定という形がとられます。

ただ、この手続きは、借地に関する紛争のすべてに利用できるわけではありません。借地契約の解除や、賃料の増減をめぐる紛争などには利用できません。利用できる紛争は以下の通りです。

① 建物の種類・構造などに関する借地条件の変更の申立て
② 増・改築許可の申立て
③ 賃借権譲渡・土地転貸の許可の申立て
④ 競売または公売に伴う土地賃借権譲受の許可の申立て
⑤ 賃貸人（土地所有者）自らの建物譲受の申立て
⑥ 更新後の建物の再築許可の申立て

借地権を設定する際には、建物の種類や構造・規模・用途などについて細かい制限があるのが普通です。たとえば①は、法令の変更やその他の事情の変更によって、現在の借地条件を変更することが相当だと認められるにもかかわらず、当事者の協議が調わない場合に広く利用できます。②は、借地契約において、増・改築の禁止や地主の承諾を必要とするという特約がある場合に、借地人が行おうとしている増・改築が、その借地の通常の利用方法からして許されてよいと借地人が考える場合に、地主が承諾しないことが不当であるとして、借地人側から利用される制度です。③は、借地人が、土地の賃借権や借地上の建物を第三者に譲渡したり転貸したい場合で、それを行っても地主に不利益を与えないにもかかわらず、地主が承諾を拒否しているようなときに、借地人側から利用される制度です。

いずれの場合も、裁判所が地主の承諾に代わる許可の裁判を行うことが可能である制度です。

なお、⑤賃貸人（土地所有者）自らの建物譲受の申立ては、③賃借権譲渡・土地転貸許可の申立て、④競売または公売に伴う土地賃借権譲受の許可の申立てが行われた場合に、地主自身が、土地の賃借権を借地上の建物と一緒に優先的に買い取ることを認める権利をいいます。これは介入権と呼ばれています。

申立手続き

借地非訟の申立ては、借地権の目的である土地の所在地を管轄する地方裁判所に、申立書を提出します。

ただ、当事者の合意がある場合は、その土地の所在地を管轄する簡易裁判所でも行うことができます。申立書には、当事者の表示、申立ての趣旨と理由、借地権の目的である土地や借地契約の内容などについて記載します。申立ての費用は、手数料の他に、当事者の呼出費用として郵券（切手）を予納します。手数料は、その土地の価格（固定資産税評価額）を基礎として算定します。

たとえば、転貸許可の申立てで、固定資産税評価額の２分の１にあたる額（これを目的物の価格という）が1000万円の場合には、手数料は２万円となります。そして、目的物の価格が500万円増えるごとに、手数料は6000円ずつ加算されます。

申立てが受理されると、地代の推移や契約期間などについての意見を上申書にまとめて提出します。一方、相手方は、答弁書を作成し、その中で申立ての却下を求めることになります。手続きがさらに進行すれば、借地人と地主はそれぞれ訴訟と同様に証拠や参考資料を提出しなければなりません。

裁判所は、当事者の主張を整理・検討しつつ、さらに鑑定委員会（不動産価格の算定や借地関係について専門的知識をもつ弁護士や不動産鑑定士などで構成される）の意見を聴いた上で、最終的な紛争解決のための基準を作っていきます。鑑定委員の意見書を参考にしながら、場合によっては和解を促したり、民事調停に移すなどの処置をとります。

しかし、これらの手続きを行うことが難しい場合は、裁判所が最終的な判断を示します。たとえば、借地条件の変更を借主が求めているような場合であれば、それを認めるのかどうか、また認める場合には、どのような条件を課するのか、などを定めます。

■ 借地非訟の手続き

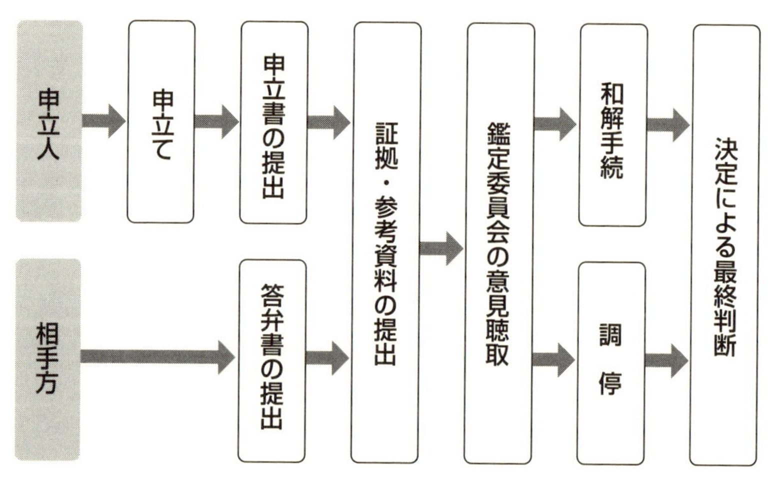

契約書の作成法

契約書の作成形式

契約の内容は、貸主や借主といった契約当事者の自由な意思で決定されます。

また、法律が特に要求している場合を除いて、契約書の作成の形式は自由です。縦書き、横書きのいずれでもかまいません。最近では、横書きの書式が多いようです。数字や外国語が多く用いられるときには、横書きの方が便利です。使用できる用紙や字数など、筆記方法に制約はありません。手書きではなく、ワープロ書きで作成する場合の方が一般的です。用紙サイズはＡ４判を使用することが多いようです。契約書に通常書かなければならない事項としては以下のものがあります。

①　前文

通常、契約書の標題の後の個々の契約条項に入る直前に、「○○○○（以下「甲」という）と○○○○（以下「乙」という）は、次のとおり、賃貸借契約を締結する」といった文章が置かれます。

②　表題（タイトル）

表題はこう書かなければならないという決まりはありません。ただ、契約内容が一目でわかるような表現にするのが望ましいでしょう。たとえば、借家契約であれば「建物賃貸借契約書」というように書きます。

③　当事者の表示

契約の当事者とは、契約を締結する主体であり、権利義務の主体となるものです。

当事者は、個人であれば住所と氏名、法人であれば本店所在地の住所と法人名で特定します。当事者名を契約条項中で使用する際にそのつど正式名称を記載していたのでは、字数がかさみ読みづらいので、契約書の前文のところで、「以下○○○○を甲、○○○○を乙という」と断った上で、それ以降の部分では、「甲」「乙」と略記するのが通常です。

④　目的条項

第１条として、契約の趣旨・目的や目的物の内容を具体的に記載します。前文に盛り込んでしまう場合もあります。

⑤　契約の内容

どんな債権が発生し、どんな債務を負うのかを記載します。特約条項など、契約の中心となる部分から順に箇条書きに記載します。

⑥　作成年月日

契約の成立の日を証明する記載として、大変重要です。日付の記載は、契約の有効期間を確定したり、正当な権限の下に作成されているかを判定する基準になります。実際に契約書を作成した日を記載するようにしましょう。契約が成立した日付を公に証明したい場合には、公証役場で確定日付をもらうのが一般的です。

⑦　署名押印（記名捺印）

当事者が法人ではなく、個人であれば、その住所を記載し、署名押印（記名捺印の場合もあります）をします。署名押印が最も望ましい姿です。当事者が法人である場合には、本店住所・法人名を記載し、代表者（株式会社であれば代表取締役、公益法人などでは理事・代表理事など）が署名押印をします。

印鑑は、通常は何を使ってもかまいませんが、証明力を強くするには、市区町村（法人の場合には法務局など）に登録してある印鑑（実印）で押印するのが望ましいでしょう。

⑧　物件目録・見積書など

契約の対象物が何であるかは重要です。不動産の売買や賃貸借、請負契約などでは、物件の表示を記載して対象物件を特定します。

この表示は、契約条項中に記載してもかまいません。ただ、物件の数が多いときには、契約条項中に表記すると見ばえがよくないため、別紙としてつづった物件目録に物件を表記し、契約条項本文では、それを引用するという方法がとられます。物件の特定は、不動産の場合、登記簿に記載された物件の表示を記載して行います。

⑨　後文（作成通数の記載）

当事者間で合意が成立した旨、契約書の体裁を整える文章をおき、何通作成したかを記載してしめくくります。「この契約の成立を証するため、本書２通を作成し、各自署名押印の上各１通を保有する」という一文が置かれるのが通常です。そして、当事者の数だけの契約書が作成され、各当事者が１通ずつ所持します。

なお、契約書は必ず複数通作ります。契約書が１通しか存在せず、それを当事者の一方だけが保管する場合、それが紛失したり、巧みに改ざんされたりすると、他方の当事者は、本来の契約内容を証明する貴重な証拠を失うことになります。契約書を複数作成し、各当事者が１通ずつ保管するという方法には、そのような危険を排除する効用があります。

賃貸借契約書と印紙税

印紙税は、課税の対象となっている文書を作成するときに納付の義務が発生する税金です。不動産賃貸借において印紙税の対象となるのは、「土地の賃借権の設定又は譲渡に関する契約書」です（第１号の２文書）。つまり、不動産賃貸借契約書であっても、対象が建物であれば課税文書には該当しませんので収入印紙の貼付は不要です。これは、居住用と事業用のどちらの場合も同様です。

また、対象となるのは契約書です。契約書とは土地の賃貸借であれば地主と借地人による契約の成立を証明する文書ですから、申込書や請求書といった書面であれば、通常は収入印紙の貼付は不要です。ただし、タイトルが「申込書」であっても、内容が契約書と取り扱われるものであれば収入印紙の貼付が必要になります。印紙税額は契約書に記載されている記載金額により異なります（記載金額とは、土地の賃借権の設定・譲渡の対価として支払う後日返還されることが予定されていない金額のことです）。

争いが生じやすい事柄と記載例

契約上のトラブルが後日発生することを防ぐためには、将来争いが生じやすい事項につき、あらかじめ適切な規定を設けておくことが大切です。法律に定めがあるため、契約書への記載の有無にかかわらず同じ効果が生じる場合であっても、記載することでより明確にすることができます。争いの生じやすい事項については、予防のためにぜひとも明文の規定を置いた方がよいでしょう。

① 存続期間

賃貸借の場合には、存続期間が問題となります。

② 契約解除

契約解除は、解除権の行使によってなされます。解除権には、法定解除権と約定解除権があります。法定解除権は、契約上の債務の不履行があった場合に、法律上当然に認められます。

法定解除をする場合、相手方に債務の不履行があっても、履行の催告をしないと解除できないのが原則です。催告に時間がかかり、せっかくの解除のチャンスを逃すこともありますから、催告なしでも解除できるという無催告解除の特約を契約時にしておくこともあります。

約定解除権は、法律で認められたものとは別に、当事者の契約により認められるものです。賃貸借契約で手付（解約手付）が交付されている場合には、相手が契約の履行に着手する前であれば、手付に基づく約定解除権を行使することができます。

③　損害賠償

契約上の債務の不履行によって債権者に損害が生じたときは、債権者はその損害の賠償を求めることができます。これは法律上の規定ですが、当事者の契約により、あらかじめ損害賠償額を定めたり違約罰の定めを置くこともできます。

④　保証人条項・相殺の予約

これらについても、契約の拘束力を強める意味で、必要な場合には規定を置いた方がよいでしょう。

⑤　諸費用の負担

その取引によって生じる費用や租税などの負担をどのようにするかは、明確に定めておくべきです。

⑥　裁判所の管轄

契約上の争いについて裁判所に判断を求める際には、管轄権を有する裁判所に申し立てます。通常の民事訴訟については、原則として相手方の住所地を管轄する裁判所に訴えなければなりません。しかし、相手方の住所が遠隔地の場合には、多額のコストがかかって不便なため、特約によって便利な管轄裁判所を定める場合が多いようです。これを合意管轄といいます。

⑦　協議条項

規定外の事項が発生したときに備え、協議する旨を入れます。

賃貸借契約で特に注意すべき特約

賃貸借契約書で特に注意すべき特約は、賃貸人に有利な条件の取り決めをする場合です。賃貸人にとって有利な条項は、借地借家法に反しない限り定めることが可能です。しかし、借主が一般消費者である場合は、消費者契約法10条が適用され、特約自体が無効とされるおそれがあります。

消費者契約法10条とは、消費者の権利を制限したり消費者の義務を加重する条項を当事者間で取り決めた場合、その内容が消費者の利益を一方的に害するものであり、信義則（権利の行使や義務の履行は、信義に従い誠実に行わなければならないとする原則のこと）に反していると認められる場合には、その条項を無効とする規定です。したがって、賃貸人に有利な特約を定める場合には、消費者契約法の適用を受けないように、十分注意することが必要です。

①　通常損耗・経年変化費用を賃借人に負担させる特約

不動産の通常損耗や経年変化（劣化）によりかかる費用は、通常は賃貸人側が負担する必要がありますが、これらの費用を賃借人の負担とする条項を設けることができます。この特約を定める場合、単に「通常損耗と経年変化により生じる費用は賃借人の負担とする」と定めるのでは不十分です。どのような費用が賃借人の負担となるのかを明確にしなければなりません。

通常損耗や経年変化により生じる費用としては、破損していない畳の交換費用、フローリングの色落ち、フローリングのワックスがけ、家具による床やカーペットのへこみ、などが挙げられます。これらの中から、賃借人に負担してもらう費用を選択して定めることになります。

②　修繕義務・必要費償還請求を回避する特約

通常、賃貸人は賃借人が建物を使用する上で必要な修繕をする義務を負います。また、修繕費用を賃借人が支出した場合には、賃借人が支出した金額を償還する義務（必要費償還義務）も負います。必要費とは、建物を使用する上で必要不可欠な費用のことで、たとえば、水道の給水栓が壊れた場合に修繕する費用などがこれにあたります。もっとも、修繕義務を回避する旨の特約を設けると、小修繕（小規模の修繕）については賃借人が必要費を負担することになります。しかし、小修繕の範囲を超える修繕（大規模な修繕など）の費用は、回避特約をあったとしても賃貸人が負担すべきと考えられています。

③　**有益費償還請求・造作買取請求を排除する特約**

賃借人が建物を改良したり、賃貸人の同意を得て建物に造作を取り付けた場合、賃貸借終了のときに、賃借人は賃貸人に対して有益費の償還請求や造作の買取請求をすることができます。しかし、特約を定めておけば、賃貸人はこうした賃借人からの請求を排除することが可能になります。

④　**敷引特約**

敷引特約とは、退去する際に貸主が一定額を差し引いた敷金を借主に返還することを、賃貸借契約時にあらかじめ約束しておく特約です。差し引かれた金銭は、原状回復費用、空室損料、礼金等の意味合いを持ちます。最高裁判所においても、平成23年３月24日に「敷引特約は不当に高額でない限り有効」という趣旨の判断が下されているため、敷引特約を定めること自体に問題はありません。ただし、あまりにも差し引かれる金額が大きいときには、無効と判断される可能性があるので注意が必要です。

トラブルが発生した場合

次のようなトラブルが発生してしまった場合には、貸主は契約を解除することができます。

①　**借主が賃料を滞納した場合**

土地や建物の賃貸借契約で、借主が期限までに賃料を支払わなければ、貸主は債務不履行を理由として、契約を解除することができます。ただ、借主が賃料を滞納したからといって、直ちに貸主が契約を解除できるというわけではありません。貸主はまず、「○月○日までに滞納分を支払うように」と借主に催促し、その期限までに支払がなかった場合にはじめて、契約を解除できます。

また、解除が認められるためには、信頼関係の破壊に至っていることが必要です。催促なしですぐに契約を解除できるという特約が当事者間で結ばれることも少なくありません。

② 賃借権の無断譲渡や転貸

土地や建物の賃貸借は、貸主と借主の信頼関係に基づいて、長期間にわたり継続する契約です。借主が貸主に無断で賃借権を他人に譲渡したり、あるいは転貸（また貸し）すれば、当事者間の信頼関係は壊れてしまうのが通常です。そこで、賃借権の無断譲渡や賃借物の無断転貸があった場合、賃貸人は契約を解除できるとされています。ただ、賃貸人の承諾なく、賃借権の譲渡や建物の転貸が行われた場合でも、賃貸人と賃借人の信頼関係が破壊されたといえない例外的な場合には、契約解除権は発生しないとするのが判例の立場です。

消費税の有無

不動産収入については消費税がかかることがあります。消費税の課税対象となる取引のうち、その性格上課税することが適当でない、もしくは医療や福祉、教育など社会政策的な観点から課税すべきではないという理由により消費税が課されない取引があります。本来は課税取引に分類される取引ですが、特別に限定列挙して課税しないという取引です。これを非課税取引といいます。不動産業に関係する取引の場合、土地の譲渡・貸付や住宅の貸付は非課税取引とされています。

一方、不動産賃貸業に関係する収入では、建物の譲渡、事務所や店舗など事業用物件の貸付や駐車場の貸付などが、消費税が課税される取引として考えられます。住宅以外の建物（貸事務所等のテナントなど）の貸付については、原則として、消費税が課されるという点は知っておく必要があるでしょう。

公正証書

公正証書とは

公正証書とは、公証人という特殊の資格者が、当事者の申立てに基づいて作成する文書で、一般の文書よりも強い法的な効力が認められています。公証人は、裁判官・検察官・弁護士といった法律実務経験者や一定の資格者の中から、法務大臣によって任命されます。裁判官経験者が比較的多いようです。公正証書は一定の要件を備えれば、債務名義（強制執行の根拠となる債権の存在・内容を証明する文書）になります。そこで、公正証書に基づいて強制執行（債務者が債務を履行しない場合に裁判所や執行官に申し立てることによって行われる強制的に権利を実現する手続きのこと）を行うことが可能になります。公正証書のこのような効力を執行力といいます。

ただ、どんな契約書でも公正証書にすれば債務名義となり得るわけではありません。①請求内容が、一定額の金銭の支払いなどの給付であること、②債務者が、「債務を履行しない場合には強制執行を受けても文句は言わない」旨の記載をしていることが必要です。②の記載を、執行受諾文言または執行認諾約款といいます。執行受諾文言は、公正証書に基づいて強制執行を行うためには欠かすことのできない文言ですから、忘れずに入れてもらうようにしましょう。

作成された公正証書の正本に記載される内容は、公証人法によって定められており、具体的には、①全文、②正本であることの記載、③交付請求者の氏名、④作成年月日・場所が記載され、これに公証人が署名捺印します。このうち、契約の内容などが記載されているのは、①の全文です。

公正証書の正本に記載されている全文は、さらに２つのパートから成り立っています。１つ目のパートには具体的な内容（これを本旨といいます）が記載され、もう１つのパートには公正証書を作成する際の形式について記載されます（この記載を本旨外記載事項といいます）。

公証役場の手続き

公正証書を作成するには、公証役場へ行きます。わからない場合には、日本公証人連合会（03－3502－8050）に電話をすれば教えてもらえます。債権者と債務者が一緒に公証役場に出向いて、公証人に公正証書を作成することをお願いします（これを嘱託といいます）。事前の相談や連絡は、当事者の一方だけでもできますが、契約書を公正証書にする場合には、契約当事者双方が出向く必要があります。ただし、実際に本人が行かなくても代理人に行ってもらうことは可能です。公証役場では、まず当事者に人違いがないかどうかを確認します。公証人自身が当事者と面識があるような特別のケースを除いて多くの場合は、本人確認のために発行後３か月以内の印鑑証明書を持参することになります。

公正証書で契約書を作成する場合には、公証役場で手数料を支払わなければなりません。手数料の金額は目的の価額によって決まります。賃貸借契約の場合、賃料に契約期間を掛けた額を２倍したものが目的の価額となります。

公正証書にする契約と公正証書にするのが望ましい契約

借地権についての事業用定期借地契約は公正証書による作成が義務付けられています（借地借家法23条）。その他の賃貸借契約は公正証書で作成する義務がありません。ただし、執行認諾約款の付いた公正証書は債務名義になるため、重要な契約書についてはあらかじめ公正証書とすることも検討すべきです。

特に定期借家契約は更新せずに、建物を返還してもらうわけですから、公正証書にして、契約書の原本を公証役場に保管しておいてもらうのがよいでしょう。定期借家契約は書面で作成しなければなりませんが、法律上は公正証書で作成することまでは要求されていません。ただ、「定期」といっても10年、20年という契約を結ぶケースはあるので、公正証書の作成は契約書の紛失の危険を防ぐメリットがあります。定期借家契約の公正証書を作成する上では以下の点に注意します。

・更新がない旨の記載

多くの場合、定期借家契約を結ぶ目的は更新をせずに明け渡してもらうことにありますから、更新・立退きをめぐるトラブルを避けるために、公正証書にも「更新がない」ことを明記します。

・執行認諾約款を置き、確実に賃料を回収できるようにする

確実に賃料を回収することが目的なのですから、債務名義とするため、公正証書には執行認諾約款を置くようにします。

■ 公正証書の作成の流れ

申請前に公正証書の作成について当事者の合意が必要

申請書類を再チェック

・公正証書にしたい文面
・法人の場合には代表者の資格証明書や商業登記事項証明書
・印鑑証明書と印鑑（実印）など

公 証 役 場 へ 行 く

公証人が文書を作成

事業のための借入と公正証書

賃貸マンションの経営等を行っている貸主が、比較的大がかりな修繕等を行う場合に、金融機関から融資を受ける必要性に迫られる場合があります。そして融資に際して、賃貸マンションの経営者である貸主の家族、知人などの個人に対して、保証人になることが求められる場合があります。この個人保証という制度を利用することで、資力に乏しい主たる債務者である貸主は、資金調達が可能になる一方で、主たる債務者が破たんした場合には、保証人である家族等の個人が、個人の資力では到底、支払えない高額の保証債務を負担させられるおそれがあります。そこで、平成29年の民法改正によって、保証人の自発的な意思が確認できる場合にのみ、個人保証を限定的に認めるという規定が新設されることになりました。

具体的には、事業のための貸金等債務に関する保証契約や根保証契約の締結日前1か月以内に、保証人となる個人の意思を公正証書で確認する必要があります（465条の6第1項）。

原則として、保証契約や根保証契約の締結日前1か月以内に公正証書を作成する義務を負うわけですが、経営とは無関係の第三者である個人を保護する趣旨に基づき新設された規定です。

したがって、主たる債務者と一定の関係にある個人が保証人となる場合（経営者保証）には、公正証書の作成による保証意思の確認は不要であると規定されています（465条の9）。具体的には、主たる債務者が法人の場合は、その取締役、理事、執行役、過半数の株式保有者などが保証人になろうとする場合には、公正証書の作成は不要です。そして、主たる債務者が個人事業主であれば、その共同事業者、債務者の事業に従事する配偶者などが保証人になろうとする場合には、公正証書の作成は不要です。

資料　賃貸住宅トラブル防止ガイドラインによる貸主・借主の負担区分

部位	項目	説明	負担区分	理由
床	畳	畳の裏返し、表替え（特に破損等していないが、次の入居者確保のために行うもの）	貸主	入居者入れ替わりによる物件の維持管理上の問題であり、貸主の負担とすることが妥当と考えられる。
		畳の変色（日照・建物構造欠陥による雨漏りなどで発生したもの）	貸主	日照は通常の生活で避けられないものであり、また、構造上の欠陥は、借主には責任はないと考えられる。（借主が通知義務を怠った場合を除く）
	フローリング	フローリングのワックスがけ	貸主	ワックスがけは通常の生活において必ず行うとまでは言い切れず、物件の維持管理の意味合いが強いことから、貸主負担とすることが妥当と考えられる。
		フローリングの色落ち（日照・建物構造欠陥による雨漏りなどで発生したもの）	貸主	日照は通常の生活で避けられないものであり、また、構造上の欠陥は、借主には責任はないと考えられる。（借主が通知義務を怠った場合を除く）
		フローリングの色落ち（借主の不注意で雨が吹き込んだことなどによるもの）	借主	借主の善管注意義務違反に該当する場合が多いと考えられる。
		キャスター付きのイス等によるフローリングのキズ、へこみ	借主	キャスターの転がりによるキズ等の発生は通常予測されることで、借主としてはその使用にあたって十分な注意を払う必要があり、発生させた場合は借主の善管注意義務違反に該当する場合が多いと考えられる。
	カーペット、その他	家具の設置による床、カーペットのへこみ、設置跡	貸主	家具保有数が多いという我が国の実状に鑑み、その設置は必然的なものであり、設置したことだけによるへこみ、跡は通常の使用による損耗ととらえるのが妥当と考えられる。
		カーペットに飲み物等をこぼしたことによるシミ、カビ	借主	飲み物等をこぼすこと自体は通常の生活の範囲と考えられるが、その後の手入れ不足等で生じたシミ・カビの除去は、借主の負担により実施するのが妥当と考えられる。
		冷蔵庫下のサビ跡（畳・フローリングも同様）	借主	冷蔵庫に発生したサビが床に付着しても、拭き掃除で除去できる程度であれば、通常の生活の範囲と考えられるが、そのサビを放置し、床に汚損等の損害を与えることは、借主の善管注意義務違反に該当する場合が多いと考えられる。
		引越作業で生じたひっかきキズ（畳・フローリングも同様）	借主	借主の善管注意義務違反または過失に該当する場合が多いと考えられる。
壁・天井	壁・クロス	テレビ、冷蔵庫等の後部壁面の黒ずみ（いわゆる電気ヤケ）	貸主	テレビ、冷蔵庫は通常一般的な生活をしていくうえで必需品であり、その使用による電気ヤケは通常の使用ととらえるのが妥当と考えられる。

部位	項目	説明	負担区分	理由
壁・天井	壁・クロス	エアコン（借主所有）設置による壁のビス穴、跡	貸主	エアコンについても、テレビ等と同様一般的な生活をしていくうえで必需品になってきており、その設置によって生じたビス穴等は通常の損耗と考えられる。
		クロスの変色（日照などの自然現象によるもの）	貸主	畳等の変色と同様、日照は通常の生活で避けられないものであると考えられる。
		壁に貼ったポスターや絵画の跡	貸主	壁にポスター等を貼ることによって生じるクロス等の変色は、主に日照などの自然現象によるもので、通常の生活による損耗の範囲であると考えられる。
		壁等の画鋲、ピン等の穴（下地ボードの張替えは不要な程度のもの）	貸主	ポスターやカレンダー等の掲示は、通常の生活において行われる範疇のものであり、そのために使用した画鋲、ピン等の穴は、通常の損耗と考えられる。
		壁等のくぎ穴、ネジ穴（重量物を掛けるためにあけたもので、下地ボードの張替えが必要な程度のもの）	借主	重量物の掲示等のためのくぎ、ネジ穴は、画鋲等のものに比べて深く、範囲も広いため、通常の使用による損耗を超えると判断されることが多いと考えられる。
		タバコのヤニ	貸主	喫煙自体が用法違反、善管注意義務違反に当たらない場合、クロスがヤニで変色したり臭いが付着しているとまではいえない程度の汚れについては、通常の消耗の範囲であると考えられる。
			借主	該当居室全体においてクロス等がヤニで変色したり、臭いが付着した等の場合、通常の使用による汚損を超えると判断される。その場合は借主のその後の手入れ等管理が悪く発生、拡大したと考えられる。
		クーラー（借主所有）から水漏れし、放置したため壁が腐食	借主	クーラーの保守は所有者（この場合借主）が実施すべきであり、それを怠った結果、壁等を腐食させた場合には、善管注意義務違反と判断されることが多いと考えられる。
		クーラー（貸主所有）から水漏れし、借主が放置したため壁が腐食	借主	クーラーの保守は所有者（この場合貸主）が実施すべきものであるが、水漏れを放置したり、その後の手入れを怠った場合は、通常の使用による損耗を超えると判断されることが多いと考えられる。
		結露を放置したことにより拡大したカビ、シミ	借主	結露は建物の構造上の問題であることが多いが、借主が結露が発生しているにも関わらず、貸主に通知もせず、かつ、拭き取るなどの手入れを怠り、壁等を腐食させた場合には、通常の使用による損耗を超えると判断されることが多いと考えられる。
		台所の油汚れ	借主	使用後の手入れが悪く、ススや油が付着している場合は、通常の使用による損耗を超えるものと判断されることが多いと考えられる。

部位	項目	説　明	負担区分	理　由
壁・天井	天井	取付金具のない天井に直接つけた照明器具の跡	借主	あらかじめ設置された照明器具用コンセントを使用しなかった場合には、通常の使用による損耗を超えると判断されることが多いと考えられる。
建具・柱	ガラス	地震で破損したガラス	貸主	自然災害による損傷であり、借主には責任はないと考えられる。
		網入りガラスの亀裂（構造により自然に発生したもの）	貸主	ガラスの加工処理の問題で、亀裂が自然に発生した場合は、借主には責任はないと考えられる。
	柱等	飼育ペットによる柱等のキズや臭い	借主	特に、共同住宅におけるペット飼育は未だ一般的ではなく、ペットの躾や尿の後始末の問題でもあり、善管注意義務違反として借主負担と判断される場合が多いと考えられる。
	その他	網戸の張替え（破損等はしていないが次の入居者確保のために行うもの）	貸主	入居者の入れ替わりによる物件の維持管理上の問題であり、貸主の負担とすることが妥当と考えられる。
設備・その他	設備	設備機器の故障、使用不能（機器の耐用年限到来のもの）	貸主	経年劣化による自然損耗であり、借主に責任はないと考えられる。
		浴槽、風呂釜等の取替え(破損等はしていないが、次の入居者確保のため行うもの)	貸主	物件の維持管理上の問題であり、貸主負担とするのが妥当と考えられる。
		日常の不適切な手入れもしくは用法違反による設備の毀損	借主	借主の善管注意義務違反に該当すると判断されることが多いと考えられる。
	鍵	鍵の取替え(破損、鍵紛失のない場合)	貸主	入居者の入れ替わりによる物件管理上の問題であり、貸主の負担とすることが妥当と考えられる。
		鍵の取換え(破損、不適切使用、紛失による場合)	借主	借主の善管注意義務違反に該当すると判断されることが多いと考えられる。
	水回り	消毒(台所、トイレ)	貸主	消毒は、日常の清掃と異なり、借主の管理の範囲を超えているので、貸主負担とすることが妥当と考えられる。
		ガスコンロ置き場、換気扇等の油汚れ、すす	借主	使用期間中に、その清掃・手入れを怠った結果汚損が生じた場合は、借主の善管注意義務違反に該当すると判断されることが多いと考えられる。
		風呂、トイレ、洗面台の水垢、カビ等	借主	使用期間中に、その清掃・手入れを怠った結果汚損が生じた場合は、借主の善管注意義務違反に該当すると判断されることが多いと考えられる。
	居室	全体のハウスクリーニング(専門業者による)	貸主	借主が通常の清掃(具体的には、ゴミの撤去、掃き掃除、拭き掃除、水回り、換気扇、レンジ回りの油汚れの除去等)を実施している場合は、次の入居者を確保するためのものであり、貸主負担とすることが妥当と考えられる。

※東京都都市整備局のホームページ掲載の賃貸住宅トラブル防止ガイドライン(再改訂版)より引用。

【監修者紹介】

梅原　ゆかり（うめはら　ゆかり）

弁護士（第二東京弁護士会所属）。1996年早稲田大学法学部卒業。1999年早稲田大学大学院卒業。2000年10月弁護士登録。現在、うめはら法律事務所、所長。
おもな著・監修に、『トラブルから子供を守る 法律マニュアル』『クレーム・リコール対応の基本と対策マニュアル』『近隣トラブルの法律と実践的解決法 ケース別82』『著作権のしくみとトラブル解決実践マニュアル』『不動産取引のための実務契約書サンプル集74』『家事事件手続法と調停・審判申立書サンプル48』『図解とQ&A でわかる　離婚をめぐる法律とトラブル解決相談129』『リスクマネジメントの法律知識と対策』『入門図解　最新　IT 企業の法務対策』『道路・境界・建築・住環境の法律とトラブル解決マニュアル140』『強制執行のしくみと手続き　ケース別実践書式33』『最新　契約のしくみとルール』（小社刊）などがある。

すぐに役立つ
民法改正対応！図解とQ&Aでわかる
賃貸経営のための
不動産賃貸・管理の法律とトラブル実践的解決法150

2018年3月31日　第１刷発行

監修者　梅原ゆかり
発行者　前田俊秀
発行所　株式会社三修社
〒150-0001　東京都渋谷区神宮前2-2-22
TEL　03-3405-4511　FAX　03-3405-4522
振替　00190-9-72758
http://www.sanshusha.co.jp
編集担当　北村英治
印刷所　萩原印刷株式会社
製本所　牧製本印刷株式会社

ISBN978-4-384-04781-3 C2032